Proverbs of Abagusii of Kenya

Meaning & Application

Gems of Wisdom from the African Continent

Christopher Okemwa

Copyright © 2012 Christopher Okemwa
All rights reserved.

This publication may not be reproduced, in whole or in part, by any means including photocopying or any information storage or retrieval system, without the specific and prior written permission of the publisher.

This book is sold subject to the condition that it shall not, by way of trade or otherwise, be re-sold, hired out, or otherwise circulated without prior consent from the publisher in any form of binding or cover other than that in which it is published and a similar condition including this condition being imposed on the subsequent purchaser.

First Edition October 2012

Edited by Anderea Morara
Cover Concept: Christopher Okemwa
Design: Robert Maina Kambo
Cover Layout Design: Danielle Pitt

Published by Nsemia Inc. Publishers
Oakville, Ontario, Canada
www.nsemia.com

Note for Librarians:
A cataloguing record for this book is available from Library and Archives Canada

ISBN: 978-1-926906-27-0 paperback

"Msahau mila ni mtumwa" (One who forsakes one's culture is a slave.)
- Kiswahili saying

Also in this series

Abagusii Wisdom Revisited by Nemwel Atemba

Riddles of Abagusii of Kenya by Christopher Okemwa

Kivuli Cha Sakagwa by Enoch Matundura

Learning Entrepreneurship Through Indigenous Knowledge by Henry Bwisa & Fred Nafukho

TABLE OF CONTENTS

Acknowledgements - vii
About the Author - ix
Foreword - xi
Preface - xv

Part One
1. Stylistic Features of the Proverb

1.1. Parallelism - 3
1.2. Imagery - 3
1.3. Personification - 4
1.4. Physical Structure of the Proverb - 5

Part Two
2. Functions of Abagusii Proverbs

2.1. Family - 9
2.2. Women - 19
2.3. Men - 24
2.4 Children and Youth - 27
2.5. Marriage - 37
2.6. The Virtue of Hard Work - 49
2.7. Goals and Vision - 52
2.8. Communal Living - 58
2.9. Wealth and Poverty - 76
2.9. Habit, Behaviour & Character - 83
2.11. Truth and Justice - 90
2.12. Patience, Perseverance and Kindness - 93
2.13. Temperance - 99
2.15. Leadership - 104
2.16. Caution - 108
2.17. Old Age - 118
2.18. Death - 123
2.19. General Knowledge - 132

ACKNOWLEDGEMENTS

I wish to acknowledge the contribution of Pastor Joel Nyarangi who, without an iota of selfishness, provided some of the proverbs published in this anthology. He told me: "I want to share knowledge; I want this treasure of wisdom spread far and wide. I will be overwhelmed and satisfied to get a book where some of these proverbs have been used or translated. Go ahead and use some of them."

I also would wish to acknowledge the contribution of Mr. Nemwel Atemba, the author of *Abagusii Wisdom Revisted* (Nsemia Inc., 2011), for providing some of the proverbs contained in this book. He also provided in-depth explanations and meanings to most of them.

Christopher Okemwa

ABOUT THE AUTHOR

Christopher Okemwa is a poet, actor, dancer, playwright, story-teller, and (short-story and children) writer. He graduated from Kamagambo Teachers' Training College and has taught for several years in Kenya. He later graduated from the University of Nairobi with a Bachelor of Education degree, specializing in English and Literature. He later pursued and completed an MA in literature from the same University. His doctoral study at Moi University in Kenya focuses on the Nature of Performance Poetry in Kenya. He currently teaches Creative Writing (Poetry & Drama) at Kisii University College, Kenya.

Okemwa has published two collections of poetry: *Toxic Love*, and *The Gong*. (Nsemia Inc., 2009). He has three collections of children's stories: *The Village Queen*, *The Visitor at the Gate*, and *Let Us Keep Tiger*. The latter was nominated for Jomo Kenyatta Prize for Literature in 2011. In 2011 he published a collection of adult short-stories, *Chubot, the Cursed One and Other Stories* (Nsemia Inc., 2011) and an oral Literature text, *Riddles of the Abagusii People of Kenya: Gems of Wisdom from the African Continent* (Nsemia Inc., 2011).

Okemwa is a well-known playwright and actor. His award-winning plays and poems have been staged at the *Kenya Schools Drama Festivals*. As a respected drama and literary critic he has published numerous articles in the dailies, journals and newsletters. In 1991, he attended and participated in a theatre and technical workshop in Bristol and Winchester, sponsored by the National Operatic & Dramatic Association of England.

In addition, Okemwa has presented his poetry research in international forums. This is in addition to attending and performing his poetry in international poetry festivals, including XX International Poetry Festival in Medellin, Colombia. In 1993 he participated in a poetry workshop in Northern Ireland.

Among his awards are the 2002 *Editor's Choice Award for Outstanding Achievement in Poetry*, presented by the International Library of Poetry, and the 2006 *Changamoto Arts Fund award* of for the performance of his poetry in Secondary Schools in Kenya.

FOREWORD

In writing this foreword for Christopher Okemwa's *Proverbs of the Abagusii People of Kenya: Meaning & Application,* I acknowledge that the language of Abagusii people is rich in terms of literary expressions, which were orally delivered from generation to generation. It is within these works that the community's culture is embedded. This oral literature material has functional and aesthetic values that are consumable by the target audience. The oral narratives (*emegano*), oral poetry (*chingero*), riddles (*chimbachero*) and proverbs (*emerabaro*) are literary expressions that capture and have shaped the historical, cultural, economic, political and social life of the Abagusii people.

Christopher Okemwa has ventured into this field of oral literature with a lot of enthusiasm as he attempts to document the culture of the Abagusii. In his previous text, *Riddles of the Abagusii People of Kenya: Gems of Wisdom from the African Continent,* he highlights the function of the riddles whose main purpose is to socialize children and the youth. This is in addition to shaping them into critical thinkers in the community as they decode and encode their culture and the environment. Proverbs, which are usually precise like riddles, are commonly pronounced by the elderly in the society and hence project deep knowledge and wisdom. This treasure was largely a preserve of the elderly. The proverbs are meant to educate, inspire, advise, caution and guide people in the community. They are characterized by the use of compressed language that contains extended meanings.

Okemwa has clearly demonstrated that these proverbs are at the core of the community's life as they are used in many social spheres, especially during birth, initiation, marriage and death ceremonies. They are also used during planting and harvesting as well as in and within elder-administered community courts. They come in handy within the family, among children and their parents or between parents themselves. They help shed light on matters of life among family members and neighbours. They equally shape character as they spell out virtues and vices in society.

One of the Abagusii proverbs says thus: *Bagotu, banibe semi, otaamboke getumo* (seek wisdom from the elderly and you will walk over obstacles). Those who listen and heed the advice of the elderly grow well and become successful in life. The young are advised to get knowledge, wisdom and counsel of those with experience that comes with age. Those who do not heed such counsel could be doomed.

The Abagusii people say *Magokoro nsaro maya, bantina bagwa boreba* (My grandmother is a purse of virtue; those who turn a deaf ear to her are bound to fall into a trap). A purse normally carries good things, including money, jewellery and other valuable items. Thus, those who accept the purse's offers (old woman's counsel) accept a fortune of a lifetime. They will not be poor, suffer, fail, nor be in need of food. This proverb encourages and advises us to value old people, because they carry with them knowledge and wisdom, some of which is captured in proverbs and other wise sayings.

The Abagusii proverbs are equated to a wedge. In the following proverb, we learn of the might of proverbs: *Bwari mang'ana nkemamani mbaara nsise* (Words are like a wedge that splits hard wood). A proverb has different layers of meaning and, when spoken, it can be interpreted in various ways. Being brief, it is memorable and sinks deep in the listener's mind. It explains an issue vividly and memorably in a very few words. A proverb is a force that can create an effect, which many words may not. It is like a wedge that splits a hard wood which other tools would be unable to.

Other than the functional role of the proverbs, Okemwa has equally emphasized on their aesthetic values. The proverbs are artistically presented through the use of stylistic features, such as parallelism, imagery, analogy, and personification.

In publishing *Proverbs of the Abagusii People of Kenya: Meaning and Application*, Okemwa has technologized the oral literature material thus precluding loss and the potential watering down of the Abagusii culture.

Gladys Nyaiburi Ogaro
Mount Kenya University

PREFACE

I wrote this book for a number of reasons. Key among them is the realization that many of our community's proverbs—and other oral literature material for that matter--are on the verge of extinction. The correct wording of these proverbs, their accurate meaning and the context in which they are utilized, potentially face extinction. One day---if you allow me to illustrate my point---I met an old man who uttered the following proverb to me: *Bogotu ngesanko, ngokina kore okuya* (old age is a crust, growing up is the only good time).

A few days later I met another old man to whom I shared the same proverb. This second old man told me that the proverb was not complete. His version: *Bogotu ngesanko, ngokina kore okuya, tangori ng'irane bwana* (old age is a crust, growing up is the only good time; I just wish I become young again). This incident clearly demonstrates that our proverbs are in danger of dying out and urgent remedy of extant and revival is needed.

Not that there has not been any attempts to collect and preserve the Abagusii proverbs in the past. Pastor Joel Nyarangi collected about one hundred such proverbs in his book *Our Heritage,* a collection that largely complements biblical verses. There are other works such as *Chimbachero chi abagusii* by Augustine Ngoko and P. Boera (Nairobi, Mowa publishers 1980), an extensive collection of proverbs in Kisii with context explained. Recently, Nemwel Atemba has published *Abagusii Wisdom Revisited* (Nsemia Inc. Publishers 2010) that is part of the same series as this work.

The major strength of this book, in my view, is that it not only contains over seven hundred proverbs, but has also scoured almost every clan in Gusii to obtain all available proverbs, their meaning and applied context.

The large number of offers representativeness across Gusii. In addition, the proverbs have also been categorized following substantial analysis. A key strength of this work is the categorization of the proverbs. No earlier collection has attempted such approach for Abagusii proverbs.

In addition to providing functions and application of proverbs, this work not only provides proverbs in their original form, but also presents a simpler version of the same. The Abagusii proverb, in its original form, is condensed and usually poses difficulties to even the seasoned Ekegusii speaker, let alone the younger generation who are not as adept at the language as their older folks. The simpler form of the proverbs will enable the students and the general public grasp the meaning of the proverbs.

A translation into English language is also done and the context in which they are used explained. In this respect, we have borrowed, with permission, aspects of explanation and context from *Our Heritage* of Pastor Joel Nyarangi. Other sources include Nemwel Atemba's *Abagusii Wisdom Revisited*. This sharing and permission to use these authors' works is aptly captured by the Abagusii sayings *Ore nasemi asemia omwabo* (he who is in the know should share with others). They also say *Egesire ekioge giatieria egetu* (a sharp axe sharpens another).

This work has been written with a diverse audience in mind. Aside from the ordinary interested reader, the book can be used by students, scholars and researchers of Abagusii culture. It is also a good store of Abagusii culture and traditions that will prove useful for future generations.

PART ONE
Stylistic Features of the Proverb

1.1. Parallelism

One feature employed by the Abagusii proverbs is parallelism. Parallelism is a state of being similar, for example, in terms of features. Sometimes, you can find two similar features in one Gusii proverb. For instance in the proverb *Totiana maseta, tiana masetoka* (Don't pride in what you will achieve, pride in what you have achieved), the first part of it (*totiana Maseta*) has the same length as the second part (*tiana masetoka*). Also examine the following proverb and you can further see parallelism in it, too:

Mosuko moigoto, mosuko igwamu

(Sometimes satisfaction, sometimes hunger)

In the above proverb, the first part of it (*mosuko moigoto*) has the same length as the second part (*mosuko igwamu*). And also both parts begin with the same word (*mosuko*), a characteristic that creates alliteration, rhythm and musicality in the proverb, making the proverb more beautiful and sweet to the ear.

1.2. Imagery

The Abagusii proverbs also employ imageries, such as similes and metaphors. Some of the proverbs compare one thing with another (similes), while others equate something with another (metaphor). Let us start with the following proverb:

Enda n'esese

(A stomach is a dog).

In this above proverb, a "stomach" is equated to a "dog". This is in reference to the nature of a stomach; like a dog, it easily forgets what transpired moments before. Even when it is full now, it will again need more later. Like a dog, a stomach never gets satisfied once and for all. The stomach, too, when hungry, just like a dog, will accept anything, any kind of food.

Also in the traditional Abagusii community, a dog was not held in high esteem. So in this metaphor the stomach is equated to something 'of low respect' or 'low value'--a dog.

1.3. Personification

Abagusii proverbs employ the literary devise of personification. Inanimate objects are given human attributes. Take the following proverb as an example: *Endamuamu yiogerere yetukere* (shout at jealousy and it will hide itself). Jealousy is something one cannot see, or touch. It has been referred to as an object that can hear people's shouts and can respond by running away to hide.

In the following proverbs, the animals have been given human attributes:

Ng'ombe na mbori chikane korigereria magega yaya, korera tarera boreri bobe bwoye tagochongeria mobere osinye bikoe

((Let dowry/bride price say "No" to divorce and let your mother-in-law not complain of your bad behaviour. Also, let her not mistreat you to make you sigh in utter distress.)

In this proverb, the goats and cows (conventional mode of paying bride price) say "No" as if they were human beings. In personification the animals attain human attributes, and are treated so.

1.4. Physical Structure of the Proverb

The beauty of the Abagusii proverb lies in its condensed nature. It employs few words that mean a lot. Take for instance the proverb: *Omoremi otachi mbura asimeka morakera.* The words have been condensed, and if we translate the proverb literally into English, it will be: *Farmer know not rain plant in dry season.* It means that a farmer who has not mastered seasons well will make a mistake by planting crops during dry season when there is no rain and the crop will dry up. The words in the proverb are few but mean much more than their length.

Take another proverb: *Omweanyi igeri, imoritacha.* The proverb has three words only but means much more than those three words. If translated into English word by word it will be: *Proud person is a thistle, don't step on it.* It means that a proud person is like stinging thistle so one is advised to be careful not to step on it otherwise it will prick one. It has used only three words to communicate a long message.

PART TWO
Functions of the Abagusii Proverbs

2. Functions of Abagusii Proverbs

Proverbs are used in almost all aspects of life. Let us explore various functions into which Abagusii proverbs are put.

2.1. Family

Proverbs are used among members of the family to initiate peace, love and respect. A wife who is found quarrelling with her daughter-in-law is reprimanded by her husband, not by ordinary words, but through the use of proverbs. Her husband may use the following:

Naigure ndumo boina ko mosiori ntamanya.

(I have heard the noise of the grave diggers, except I don't know who will be first.)

He tells them that he has heard noise of the grave diggers, only that he doesn't know who has died or who is going to die first. This is only a prophetic statement, meant to indicate that a quarrel is tragic most of the time.

Proverbs are also used to advise parents. The father and the mother need to be reminded that their love is indispensable. Love between parents is a herb that cures ailments in the family. For a home to be stable and have peace among the children, it all starts from the parents. They need to show an everlasting love and peace between them. The following proverb emphasizes this point very well:

Bwanchani nyundo bosibe keoreri.

(Love is a hammer; let it be tethered within the compound).

The above proverb says that love is a hammer. A hammer is a tool that is in great demand and one with power. Without a hammer works like fixing rafters, broken tables, chairs and beds will not be done. It is also needed in repairing hens' cages and gates in a homestead. A hammer is needed all the time. Love is like that. A home without love is one without a hammer, in which case many things will go unfixed and unrepaired and therefore break down completely, much to the chagrin of the family.

Love in the Abagusii families was encouraged and was promoted by proverbs. The following proverb also emphasizes the importance of love:

Tara Gura nka otarora nchaywa ko nyamaruma boria bana kenyoro keenekie

(They live like doves. If you doubt that, ask their children and neighbours to confirm. The proverb talks about Gura and his wife, both of who live like doves. Doves are used as a symbol of peace. The two love each other very much. Their children and their neighbours could testify to their love. The big lesson from the proverb is that both man and wife should live in peace. Let us now learn the wisdom of the Abagusii peope, as pertains to family life, through the following proverbs:

A

1. *Amabere akuma o'Kibegwa na Sagara omwabo, tagotuga bana mbagesi agotuga* (Amabere aichire o'Kibegwa na o'Sagara omwabo, korende abana babo tibari koyanywa, abagesi nabwo bakonywa):

The two brothers, Kibegwa and Sagara, keep cows for milk, but their children do not have enough of the milk. It is the herdsmen who drink it.

   Esomo: Endagera kere ase enka yao tiga ab'enka yao baraigota abaisiko batarachia koyenyora.

   Lesson: Let family members have enough of the produce before donating it to others.

B

1. *Basacha bagira bakungu ng'a nda chiagira bana* (Abasacha nigo bakogira konywoma abakungu buna chinda chiabagomba chiangire konyora abana):

Men reject women like wombs of barren women that reject children.

> **Esomo:** Omokungu omogomba nabo arangwe n'omosacha oye as'eng'encho atari konyora abana.
>
> **Lesson:** Some men may reject barren women because they don't bear children.

2. *Bwanchani nyundo bosibe keoreri* (Obwanchani nabo bonga buna enyundo egosibwa keoreri):

Love is like a hammer that is always needed; let it be tethered within the home compound.

> **Esomo:** Obwanchani n'eritina ase enka.
>
> **Lesson:** Love is indispensable in the family.

C

1. *Chaga bwangwe tureti ko'bwanchwe nyomba (Chaga bwangwe ase etureti korende bwanchwe mwao):* Be despised by your friends but be respected in your family. (Even if your friends despise you, they will change their attitude once they discover that your family respects you).

> **Esomo:** Abanto nabagotogia boiire, onye nka torobwati goika baanse kogochaa. Renda enka yao.
>
> **Lesson:** Even if people praise you they will despise you once they discover you don't take care of your family. This is a warning to those who neglect their families.

2. *Chinko chia guota chiaetania ba enda emo* (Chinko chioguota nigo chigoetania abanto b'enda eyemo):

Firewood brings enemity among people of the same womb.

> **Esomo:** Egento egesiniini nakio kegosarania abanto.
>
> **Lesson:** A trivial issue breaks a family. This is a warning to family members, and to community people in general, to be careful with small issues that bring misunderstanding and hence enmity.

E

1. *Ebichuria mbire na mang'ana* (Ebichuria nigo bire na amang'ana amange):

The hut roofs conceal many problems. Every family has problems or issues that are not known by others outside it.)

> **Esomo:** Chinyomba nchire n'oboiseru, oboremeru[i], n'amang'ana amange.
>
> **Lesson:** Every family has problems or issues, unknown to others. This proverb teaches us to be understanding when we learn of certain shortcomings of our fellow friends.

2. *Ekianyabamo nyama yachire rino* (Amang'ana y'abanto abamo n'enyama yachire erino):

An issue between brothers is meat that is trapped between the teeth.

> **Esomo:** Tibwesoyia amang'ana y'abanto abamo. Ayare akobaetania rero nabo agocha aera naende banchana, aye kwarorekana omobe gose omogenki.
>
> **Lesson:** Don't interfere when people of the same blood quarrel or differ. It may only be temporary.

---

[i] *Oboiserwa* and *oberemerwa* have the same meaning in some parts of Gusii.

(A piece of meat trapped between the teeth cannot stay there forever.)

3. *Ere namage tiyana konora, n'ena magena ekonora* (Eyere n'amage teri konora, n'eyere n'amagena nero ekonora):

The one with young ones never fattens up; it is the one laying eggs that fattens up.

Esomo: Ng'ina abana nabo akorea ase engencho akwerina otigera abana.

Lesson: The mother will grow thin because she has to spare food for the young ones.

M

1. *Motangi mechando inyoria nyakomenya amao mbasaria boamate ntambokia onde moiserwa onde mogochwa, bana babo baigama kerama kemo nyambunwa etari mato* (Omotangi ominto, emechando nigo ekoinyoria abakorarera amao mbaetana ore omoiserwa onde ore omogochwa abana babo kaa tibagechana):

My elder brother, destitution is a reminder that brethren need to live together in unity for mutual help; in that way their children will take shelter under the same roof without dispute.

Esomo: Menya n'omorembe as'enka.

Lesson: Live in peace in the family.

2. *Mechi maburu (Emechie n'amaburu ere):*
Homes are nooks (out-of-the-way rooms). Homes have hidden issues.

Esomo: Emechi nigo ebwate amang'ana amange abanto baisiko batamanye.

Lesson: There is a lot that goes on in many homes that people outside the family don't know.

3. *Maragera amo toto tekogoma* (Ekero mokoragera amo etoto tekogoma):

When people eat together, the wall/partition will not stand/prevail.

Esomo: Okoragera amo nigo gokoreta abanto amo, oboamate obuya.

Lesson: Fellowship in eating together strengthens a relationship, as opposed to dividing/breaking it.

4. *Mogayani mwana mosacha bonsi nabaye komosi korio nkonucha* (Omogayani ore omomura bwa abaibori naende omosacha bw'omokungu oye, nigo agwanchania bonsi, okomosi n'okorio onucha):

When a young man gets married, he remains a son to his parents and a husband to his wife. Should there be a dispute between his wife and his parents, he serves as a peacemaker. The left hand should control one's wife while the right hand controls the parents without humiliating them.

Esomo: Kabe omong'aini ase okobeka omorembe egati ya mokao na abaibori.

Lesson: Be a wise peacemaker between your wife and parents.

N

1. **Naigure ndumo boina ko mosiori ntamanya** (Nigo inyingwete endumo/eriogi ri'oboina, korende omosiori nere intamanya):

(A father came home one day and found his wife quarrelling with a daughter-in-law. He said: "I have heard noise coming from grave diggers, but I am not sure who will be first.").

Esomo: Eriomana nabo rirarete amakweri. Menya n'omorembe n'abana bao gose abaibori.

Lessson: Quarrels/disputes can lead to death. Live peacefully with your children or parents.

2. *Ng'ombe tichiri muma n'omochiurwa ogokwa, ee tichiri muma ko, nemechie torarorere* (Chiombe tichiri chimuma, nooria ourire ogokwa; korende n'emechie togocha twarorera):

Stolen cows do not bring curses even when the owner of the cows might be dying of hunger; but observe the thieves' families later in life.

Esomo: Ebinto bi'oboibi nabo bikoreta amaakwa; mbire n'emechando.

Lesson: Stolen property can bring curses to the family.

3. *Nka toyeruta nsara* (enka yao tobaisa koyeruta ensara):

Do not throw arrows at your own homestead.

Esomo: Oise gosaria enka yao, naye orachandeke omoerio oye. Renda enka.

Lesson: Safeguard your home at whatever cost.

4. *Omokungu omobe nsagasaga ekobuga buna maemba a nkongo (Omokungu omobe nigo anga buna esagasaga ekobuga buna amaemba abongirwe):* An ill-behaved woman is as noisy as weevil-infested millet being rubbed together. (Such millet is said to produce an irritating sound).

Esomo: Omokungu omochenchi (ogokwanakwana) nigo agoetania abanto.

Lesson: This refers to a woman who gossips, thereby creating enmity.

O

1. *Omochie o'tata okona gosoka abaya n'abanchi ba romeme (oyo n'omochie o'tata okona gosoka abanto abaya na abanchi b'oromeme):* My father's home brings forth beautiful ones and sweet talkers. (This is a reference to a person who has brought up a successful family; with handsome sons and beautiful daughters).

   Esomo: N' omogoko omonene gokinia abana baito buya.

   Lesson: It is a gratifying achievement to raise a good family.

2. *Omokungu omuya mbokano botingire bogaika* (Omokungu omuya n'obokano botingire bogaika):

   A good wife is a well-tuned harp.

   Esomo: Omokungu omuya nobweng'encho mono. Nigo akoreta omogoko na amagenderero ase enyomba yaye.

   Lesson: A good wife is of great value (A harp is of value as it brings music and dance)

3. *Omwanchi oo abe maiga ao tari nyangi tari bogotu* (Omokungu oo tiga abe oyore okoigwera amaiga, tari riria rioka mokonyuomana, korende amatuko onsi goikera obogotu):

   Let your partner be one you love and miss, not only on the wedding day, but at all times, including in old age.

   Esomo: Ancha mokao/omoinati oo ase amatuko onsi.

   Lesson: Possess a permanent love for your partner.

4. *Ona mokungu teba ng'a bauri mbange mbaurete Tarari mwanchi omiaka agati agaichana taba nakiamboria* (Oyore n'omokungu atebe ng'a abauri n'abange bare, mbaurete Tarari omwanchi bw'emiaka yagati erinde agaichana taba nekiagokwana):

Whoever has a wife should always remember that there are many covetous men out there. They snatched Tarari's young wife and left him dumbfounded.

Esomo: Renda omwanchi oo tourwa.

Lesson: Take care of your wife/husband lest people take her/him away. Also take care of your treasures, there are many that covet it!

5. Otagoita mokongu nkenoro atagese.

A man who doesn't beat his wife does not harvest her health.

Esomo: Omokungu ogoitwa nigo akorea. Gochaba omukungu nigo kogosaria obogima bwaye.

Lesson: He who beats his wife harvests (spoils) her health.

6. Oy'onywomete mbirero are, n'oyotanywometi n'ere *mbirero are* (Omonto onywomete nigo akorera, nabo igo n'ooria otaranywoma nere nigo akorera): The married man is lamenting; the unmarried one is also lamenting.

Esomo: Oyonywomete nigo mokaye akonya komotukoria, n'oyotanywometi nere tasikiri ekenyoro.

Lesson: The married man gets irritating naggings from his wife; while the one who is not married is not respected by the society.

T

1. Takona kondamera omosacha, bakungu, nere ritiro (esiro) rire (ere) nyomba (Tiga gochaya omosacha one, inwe abakungu, ere nigo are ritiro (esiro) minto):

Do not despise my husband; he is the pillar in our house.

Esomo: Omosacha naba omworo, naba moke, naba motaka, nabo atigarete koba ritiro (esiro) ri'enyomba (ya nyomba).

Lesson: Defend your husband when people talk ill of him.

2. Tangori monyuomi nkogochwa, otanserie monto ntare ntorobi (Tangori inyore omosacha oyore ekero namochire otanserie inchi korenta embori yogotoroba): (Oyo nomoiseke ogokwana ng'a anyore omosacha oranyare koombia mamocha amake amake araganie/ aragere agende sobo koreta entorobi):

I wish I marry a husband who will not see small mistakes that will cause me to go back to my home to get a reconciliation goat.

Esomo: Moremererie mokao.

Lesson: Tolerate your wife.

3. Tara Gura nka otarore nchaywa ko nyamaruma boria bana kenyoro keenekie (Otarere enyomba ya Gura tokonyora gochaya koreo, n'oboria abana b'ekenyoro nabo bakoenekia):

Visit Gura's family; they live like Doves. If you doubt that, ask children in the neighbourhood, they will confirm that to you (Doves are known to be a symbol of peace).

Esomo: Menya n'omorembe n' obwanchani na mokao.

Lesson: Live in peace and in love with your wife.

Y

1. Ya'mokungu teri keu! (Embori y'omokungu teri gotwara ekeu!): The slaughtered goat that belongs to a woman has no provision for the belly meat! (When the traditional butcher has completed his work, he normally cuts any portion of the meat to have a taste. However, if the cow/goat belongs to a woman, she will not accept any part to be cut for tasting. This shows how strict women are with their properties).

Esomo: Abakungu nigo bare abang'iti ase amari abo. Nabo mokorara nchara omokungu obwate chibesa.

Lesson: It is believed women are hard to give out their money to be used in the family.

2.2. Women

Proverbs in the Abagusii community, not only provide guidance to members of the family in general, but also target women in particular. They provide wisdom to and regarding women: who and what they are as members of the community and as married people, how they are expected to behave, their short-comings and their strengths, etc. This category of proverbs praises good women and condemns those who don't behave to the expectations of the society. Read the following proverb:

Omokungu omuya mbokano botingire.

(A good woman is a well tuned lyre.)

This proverb says that a good woman is like a well tuned lyre. *Obokano* is an eight-string lyre found in the *Abagusii* community that is played for people to dance. Something that makes people dance must be something that brings happiness to others. Therefore for a woman to be like a lyre she has to be one who brings joy and happiness. The main subject of this proverb is that a good woman is of immense value. All women should aspire to be sources of joy, love and peace. Now let us get the wisdom regarding women in the following proverbs.

A

1. *Abakungu abaya nyakomogania mbari getaa ki'amarura amasangi nguragura* (Abakungu abaya nigo bare abesiki na tibari korenta amasangia):

Good women do not speak foul words, neither are they found in adultery.

Esomo: Abakungu abaya nigo bare abesiki.

Lesson: Good women are well-behaved.

B

1. *Bwabeire maiso abakungu (Bwabeire amaiso y'abakungu):* It has become "women's eyes" (This is a reference to dusk when one cannot identify objects clearly. Women who keep late hours panic and keep running on their way home).

Esomo: Chinsa bwamuramurire. Engaki abakungu bagwenerete koba inka, erio babe bagokama gose koarigania endagera ya marogoba.

Lesson: At dusk. It means it is time for women to be home and undertake female evening chores, such as milking and preparing dinner.

2. *Bwaisa koira ebitutu biekone* (Bwabeire ang'e koira ekero ebitutu bigwekona): Behold, it is dusk when bushes become mysterious.

Esomo: Ekero bwamuramurire, binto mbirikororekana buya buna ekere oborabu boreo.

Lesson: At dusk, things are not easily identified like when there is light.

E

1. *Enda n'ero amaebi* (Enda nigo ere amaebi):

The stomach (food) is the love potion.

Esomo: Omokungu okoruga endagera engiya nigo agwanchwa n'omosacha oye.

Lesson: A woman who cooks delicious meals is usually loved by her husband.

2. *Eng'uko enyeanyi eborwa maswa* (Eng'uko ebwate obweanchi nigo okonyora eborire ebirarero): A proud mole has no beddings.

Esomo: Omonto, gose omokungu, omwerori tanyagotwara kende kiangencho mwaye.

Lesson: A proud person/woman usually has nothing valuable in her house.

M

1. *Mokungu motakanwa mororere omonanda buna agotanga nyamasio yaye* (Omokungu omotakanwa omorere omonanda buna agotanga eng'ombe yaye) A widow's mettle is tested at the cow-shed when she tends to her stubborn cows.

Esomo: Omosacha nabuete amang'ana amange. Ekero omosacha ataiyo obonyanganyangu bw'omoburaka nabo bokororekana.

Lesson: In the absence of her husband, the widow's weaknesses can be noticed.

2. *Mokungu nyagetiara moe oboremo bwa mbororwa agoaka abwata omotwe* (Omokungu omoenenu moe oboremo bw'embororwa erinde gakorema obwata omotwe); An arrogant/stubborn woman should be given a hard and wild part of the land, which she will

dig until her head aches. (This refers to disciplinary action taken to stem people's stubbornness/arrogance.)

Esomo: Omokungu omobe nigo agokanywa goetera chinchera gete.

Lesson: A badly-behaved woman should be controlled through other means.

3. *Mokungu ngekori, tokomanya buya bwaye otaraikaransa nse* (Omokungu nigo anga egekori, tokomanya obuya bwaye ekero otaraikaransa inse): A woman is like one's bottom; you will not know its importance until when you sit down.

Esomo: Abakungu baito n'ebeng'encho mono.

Lesson: Let us appreciate the importance of our wives.

N

1. *Nare gotama riansa, naumera mang'ang'ore* (Nigo nare gotama oyore n'eriansa, korende nkaumera oyore mang'ang'ore): I fled from a man with a missing tooth; I meet a toothless one. (This is jn reference to a woman who deserts a bad (e.g lazy) husband and gets a worse one(e.g. drunkard).(Cf. From a frying a pan into the fire.)

Esomo: Remereria omosacha obwate

Lesson: Be contented with the husband you have.

O

1. *Omokungu omweanyi motarere toigo* (Omokungu omwerori motarere ekero ki'embura): Visit an arrogant woman during the rainy season.

Esomo: Omokungu obwate omokia nigo okonyora abwate chinko engaki y'embura. Omweanyi ere n'obweanyi bwaye atebererete.

Lesson: An industrious and humble woman will

have firewood during a rainy season; a proud and arrogant one, will not.

2. *Omokungu nyagetiara moigwere monwa okobonga* (Omokungu nyagetiara, moigwere amang'ana agokwana):

A stubborn woman--hear the way she grinds words in her mouth.

Esomo: Omokungu nyagetiara ne chinkwana chiaye akomanyerwa.

Lesson: A stubborn/arrogant woman is known by the way she talks.

R

1. *Riomana ria 'mokungu tiriana koirwa 'tureti (Eriomana ri'omokungu tiriri koirwa kegambero)* A woman's misdemeanour is never presented before the elders. (By their nature, women are believed to be making small mistakes in their marriage. So if a husband presents a case concerning his wife's small mistakes at the elders' meeting, then he should be prepared to appear before them often since she will always make such mistakes).

Esomo: Manya buna abakungu bare.

Lesson: Understand women's weaknesses.

2. *Ritinge ndia mochie mogare* (Ritinge nigo rire eri omochie omogare):

A divorced woman belongs to a large home.

Esomo: Ritinge nigo rianchete obochenchi (gotara, na goetaetia amang'ana), igo naganetie omochie omonene.

Lesson: A concubine loves to make visits, talking to people, gossiping, picking a quarrel here and there, etc; therefore, she needs a big home with many people.

3. *Rogena ruya, rwaborwa nsio ngiya* (Orogena oruya nigo rokoborwa ensio engiya): A fine grindstone lacks a good milling stone.

Esomo: Mokungu muya tanyakonyora mosacha muya.

Lesson: A good woman, in most cases, misses to get a good husband.

2.3. Men

A few Abagusii proverbs also target men. Proverbs teach men to take care of their families and safeguard their homes. They teach them to love their wives and make sure nothing disintegrates the family. The following proverb summaries what a man should not do to his family:

Nka tonyeruta nsara (Don't throw arrows to the home). The proverb informs the husband that the home is the genesis for better life; it is where we all belong and therefore he should safeguard it by all means. It is in the home where children are born and it is the place where we get buried. It is where we shelter and sleep. A home is where visitors come to visit. The proverb warns of *nsara* (arrows) from which the home has to be safeguarded against since they can attack and destabilize it. Examples of *nsara* (arrows) that can destabilize the home are: over drinking of beer, fighting, misunderstandings and quarrels among the family members. Now let us sip from the rich source of knowledge and wisdom of the following proverbs in this chapter that target men:

A

1. Abasacha 'mbaniberani na 'bakungu 'mbaiborerani (Abasacha nigo bakoniberana na abakungu baiborerana.)

Men share wealth with one another; women beget children for one another.

Esomo: Tosange, twanchane.

Lesson: Encourage communal sharing and being your brother's keeper. (In the Abagusii community, customary law demanded that whenever a young man wanted to marry but he had no dowry, his relatives will provide it. In addition, if a girl got married, the dowry received would be used to pay dowry for her step-brother's marriage.

B

1. *Basacha tibana kobisana mbara. (Abasacha tibari kobisana chimbara):* Men do not conceal their ugly spots to one another.

Esomo: Kera omonto n'abwate oborema bwaye, igo nabo omosacha agwenerete gotebia abasacha bande obokong'u bwaye erio bamosemie.

Lesson: Men should disclose their failures and weaknesses openly to one another in order to get counsel from peers; as none of them is perfect.

E

1. *Eeeri tiyana kwana marara* (Eeri teri kwana keraire): A bull does not bellow while lying down.

Esomo: Abasacha nigo bagwenerete koba ne'chinguru, n'abaremereria.

Lesson: Men should be strong, enduring and who defy sickness and exhaustion. (In the Abagusii community, it is believed that a man who is sick will not wait for people to come to see him in his bedroom. He will try his best to come out of his bed to meet his visitors.)

K

1 Kogita mochie 'nkomaria (okogita omochie nokomaria)
To Keep a home intact one has to assume some behaviours amongst his offsprings, especially as displayed by his daughters-in-law.

Esomo: Remereria ebikorwa bi'abana baito; mono mono mok'abamura.

Lesson: Let us tolerate our children's shortcomings, especially daughters-in-law.

M

1. *Mosacha kobwata nda nchara, mokungu kobwata nda mayianda* (omosacha okobwata enda nokoba n'enchara, korende omokungu okobwata enda nokoba na amayianda)

A man clutches his stomach as an indication of hunger; a woman clutches her stomach as an indication of sorrow (This is quoted when a man neglects his sick children and leaves the responsibility to the wife. A mother is believed to be more sensitive to children's probems)

Esomo: Abasacha renda abana na abanto baino

Lesson: Men, take care of your children and family.

2. *Mosacha irooka* (Omosacha nigo anga omorooka)

A man is *irooka,* a tree that sprouts as soon as it is cut.

Esomo: Ebinto biasirire gose biaibirwe nabo bigocha biatoka. Omosacha gakwereirwe nabo akonywoma naende onyora abanto.

Lesson: One can still regain after a great loss, e.g. through thuggery or arson. Also a bereaved man can always remarry and raise a new family despite his age.

3. '*Mosacha 'mobaro igo* (Omosacha ore omobaro igo)

A man, just by number (This is a reference to a worthless man who doesn't take care of his family).

Esomo: Abasacha, renda abana n'abakungu baino.

Lesson: Men, take care of your families.

4. '*Moisia omobe n'otakoriera 'nchoke 'morero* (Omoisia omobe noria otari koriera chinchoke omorero): A brave lad is that one who harvests honey without using fire.

Esomo: Omosacha omoremu na omoremereria nere ogoikerania ebikoro bi'esiko(bi'amasikani).

Lesson: Being brave and enduring brings success.

2.4 Section 4: Children and Youth

There are numerous Abagusii proverbs that talk about children and young people. Children are the strength of their parents, and therefore of the home. When their parents become old and weary, it is them who support them by giving them food and keeping them tidy and clean. Children are looked at as an asset to their parents. They are therefore guided through the use of proverbs.

In the following proverb they are referred to as the strength of the parents:

Motangi nkarera bana, nkorerande nguru, reta mwencheri abe nguru ane (My son, I aspired to have children, now I am asking for strength; get married so that your wife can be my strength).

This proverb shows that children are valued and those who don't have them are unlucky and are sad. They will not have someone to support them in their old age. Supporting their parents in their old age is not enough; the children should also be obedient. They have to heed to their parents', uncles', aunts' and the community's advice. Let us examine the following two proverbs that pertain to children's obedience:

Okoibora okobe nkwa nyoni etagotoma.

Birth like that of a bird, whose offspring cannot be sent is a disgrace.

Mwana tochega mino o'Nyakoni neba nene.

My son, don't fight within your own clan, regardless of how big/strong it is regarded to be.

The first proverb shows that a parent whose children obey him/her and therefore run errands for him/her is the parent who is blessed. A parent whose children are not obedient is a sad one and one who lives in misery. The proverb praises a child who is obedient to his or her parents and runs errands for them. The main lesson here is that an obedient child is a great source of joy for his/her parents.

The second proverb is a statement from a parent, advising his or her child not to marry within his clan. It is not advisable to marry within one's clan for fear of in-breeding. This advice was always heeded by the boys and as a result they avoided to court or love girls within their own clans.

Parents are also given advice, particularly to take care of their children. Since they are a joy and an asset to them, they should ensure they grow up well by being fed well and given good advice. They need blessings and nurturing from their parents as they grow up. Let us examine the following proverb:

Chimori ko chigotiria amakongo atengere.

When calves romp about with joy, the older cows watch with satisfaction.

The above proverb says that when the calves skip or jump about joyously it is because they are satisfied and well taken care of. When they skip about, the older cows watch from a distant satisfied and savouring from their joy and happiness. The same thing happens to children in the home: when they are satisfied and well taken care of, the parents, seated at a distance, watch them with satisfaction as they play. They savour in their joy. Now readers, let us learn the wisdom, as regards to children and young people, in the following proverbs:

A

1. *Abamura mbasaria isaga* (Abamura nab'ogosaria risaga): Young men disrupt men's meetings.

    Esomo: Abamura mbari raisi gokanya.

    Lesson: Young men are hard to control.

2. *Abana ne'chisese* (Abana ne'chisese)

Children are puppies: They are naïve, ignorant and innocent.They will always insist to have their way, whether right or wrong)

   Esomo: Titokogosia abana ekiagera tibamanyeti ekibagokora

   Lesson: Let us not blame children for they may not understand the effect of what they are doing.

B

1. *Baba mbaba, na tata ntata, bonsi n'abaya mbito bikobora* (Abaibori bonsi nigo bare abaya n'ebinto bikobora tokobaa):

Mother will always be mother and father will always be father; I wish we had enough to share together and celebrate with them.

   Esomo: Kende tikeiyo keragere bwebe abaibori. Bancho abaibori bao botambe.

Lesson: Nothing should make you neglect your parents. Take care of them always.

2. Baba n'omuya ondereire kwaa, na magega aboronge na ngobo chimarera (Baba n'omuya ekiagera andereire kwaa amo n'amagega n'echingobo chimarera):

Mother is good; she has nursed me, carried me on her back, in soft leather.

Esomo: Inyora mama omino botambe.

Lesson: Always be grateful to your mother.

3. *Bana bake nchoke nyeregani* (Abana abake n'echinchoke chinyeregani):

Small children are busy bees.

Esomo: Abana mbari gotimoka, kera engaki ngokora bare gento gete.

Lesson: Children rarely rest, they are always doing something..

4. *Beka motangi bioma ko'mogati arorere* (Obeke omwana omotangi ebiranya erinde omwana ogati arorere):

Punish the first born child and the middle child will learn.

Esomo: (Omonene gaakirwe, abande bonsi nigo bakoiroka gokora amabe). Omwana omonene aorokererie abake baye, abe nere obwate chimbwa chingiya.

Lesson: The first-born child should be a good example to his/her siblings.

C

1. *Chaga nda ekoreterere. (Chaga enda yao ekoreterere):*
May your own womb bring you trouble. (This refers to children whose criminal activities bring agony to their parents).

Esomo: Abana nabo bararenterere omoibori.

Lesson: Children can cause trouble to their parents.

2. *Chimori ko chigotiria amakongo atengere* (Ekero chimori chiaigotire nigo chigotiria. Amakongo atengera are nagoisaneka):

When the calves skip about with happiness, the older cows watch with satisfaction.

Esomo: Igotia abana nabarabwo mbarete omogoko as'enka.

Lesson: Take care of the children; well-fed children bring joy to the home.

E

1. *Eeri nyamagwari yang'o? Torochi eng'ina nyabisembe* (Eeri eye ere na amagwari n'eyang'o? Rora eng'ina ere n'ebisembe): To whom does this spotted bull belong? Don't you see his checkered mother?

Esomo: Abana nigo bakobwekana abaibori babo.

Lesson: Children resemble their parents. (Like parent, like child).

2. *Ekiomoisia n'omotwe igoro gekogundera korwa* (Egento omoisia abwate nigo gekogunda korwa omotwe). What belongs to a lad rots starting from the head (Young people are destructive in nature and can destroy what they have)

Esomo: Abasae botambe nigo bagosaria eki babwate ase engecho batarakong'a obongo.

Lesson: The youth often times spoil what they have due to immaturity.

I

1. *Inda indongi, ereta muya, ereta morogi, ereta moibi.* (Enda n'endongi, nigo ekoreta omonto omuya, naende yarenta omorogi, naende yarenta omoibi): A womb is mysterious; it brings forth a good person, a wizard and a thief. (This refers to a womb, which brings forth children of different characters, attitudes and preferences. Some will become clergymen, carpenters, teachers while others will become thieves).

> **Esomo:** Enda nigo egosokia kende gionsi – omuya, omobe. Abana bakoiborwa korwa enda eyemo nigo bakoba ne ching'encho ao ao.

> **Lesson:** A woman may not be to blame when her children have bad character. The womb can bring out anything--good or/and bad.

K

1. *Kaani koibora ngosaa!* (Nabo okoibora gokobwekana ogosaa!):

Oh, giving birth is like diarrhoearing.

> **Esomo:** Ndire okoibora abana mbakogokonya kende gionsi.

> **Lesson:** This refers to giving birth to children who don't support you in any way.

M

1. *'Moisia isuri ria'ngoko, n'asambete egesa ki'omogaka* (omoisia ne'risuri ri'engoko, nigo asambete egesa ki'omogaka): A boy is a chicken's burp/fart; he burnt down the elder's hut (This refers to mischief by the boys.

> **Esomo**: Abana/abasae tiga batebererigwe.

> **Lesson:** Let us understand and guide the youth.

2. *Motangi nkarera bana, nkorerande nguru, reta mwencheri abe nguru ane* (Omotangi one, nigo narerete inyore abana, bono inkorerande inyore chinguru; nyuoma omosubati abe chinguru chiane):

My son, I asked for children; I now have them. But now again I am asking for strength. Get married so that your wife can be my strength.

Esomo: Abana ne'chinguru chi'abaibori.

Lesson: Children are the strength of their parents.

3. *Mori y'eng'era tiyare gokwa, n'eng'ina yabeire endongi (Emori y'eng'era tiyare gokwa, n'eng'ina ere endongi)*: The buffalo calf could not have died had its mother not gone roaming about. (This is a lamentation over a loss caused by a careless parent\guardian).

Esomo: Omoibori omotayayi tari korende bana baye buya.

Lesson: Loitering mothers may not take good care of their children.

4. *Monto gokoroka mwana n'ogokorama* (Omonto ogokoroka omwana nigo akorama):

To be called a child is an abuse.

Esomo: Omwana nigo anga esese, ekoiranera amabe.

Lesson: A child is like a dog which repeats mistakes (It goes back to eat its vomit.)

N

1. *Ntetere ngiya tiyanya kwama mwongo* (Entetere engiya teri kwama omwongo):

A good seed never produces a good bumpkin.

Esomo: Abana baito tari bonsi baratogwe.

Lesson: Not all our children are likely to resemble us. Some will get spoilt.

O

1. *Okoigwera n'okuya kobua chisenenu chie ching'ondi* (Okoigwera n'okuya, nigo kobuete chisenenu chie'ching'ondi):

Obedience is better than delicious meat found at the necks of the sheep.

Esomo: Tworokererie abana baito chimbu/chimbwa chingiya.

Lesson: Let us impart good values to our children.

2. *Ona gesire tana koborwa nko* (Omonto ore n'egesire tari koborwa chinko):

One with an axe will never be short of firewood.

Esomo: Kobwate chisemi tokoborwa egasi. Kobwate egesero tokoborwa boraro.

Lesson: When you have skills/education you can't stay unemployed.

3. *Okoibora okobe kwa nyoni etagotoma* (Omoibori ogotoma abana bagenda, oyio nere oiborete buya):

It is an unfortunate bearing, if a bird cannot send its young.

Esomo: Omwana ogotomwa nigo akoreta omogoko ase abaibori.

Lesson: An obedient child is a source of great joy to the parents.

4. *Omokungu omobe mbwana bwekumbete* (Omokungu omobe n'obwana bwekumbete):

A bad woman is a crooked childhood.

Esomo: Kinia omwana oo buya, nario arabe omokungu bwa amasikani..

Lesson: Train a child well for upright adulthood.

5. Omokungu omonyaka abana bamokorire enting'ana (Omokungu orenge omonyaka /omochabu abana baye bamokorire kororekana buna enting'ana):

A woman who was once dirty/prostitute--her grown-up sons have now turned her into a queen.

> **Esomo:** Nonye n'oyochaetwe, nigo agosikwa ekero abwate abana abaya. **Lesson:** Good children can restore respect and reputation to despised parents.

6. *Omomura kare sobo ne'rirubi nyamong'ento* (Omomura ore sobo ne'rirubi ribwate omong'ento): A young man at his home is a king cobra.

> **Esomo:** Omomura kare sobo igo amwenete. Nonye nabo, nere orendete omochie.
>
> **Lesson:** A boy at his home is proud, self-confident and even provocative. After all, he is the security of the home.

T

1. Tiga okine Emanga ne Esameta, na oibore n'egetinge (Tiga okine buna Emanga amo n'Esameta, naboigo oibore na egetinge):

Grow up like Manga hill and the Sameta hill[i], and give birth to great grandchildren).

> **Esomo:** Ogosesenia gokorwa ase abagaka gose abang'ina ekero kwabakoreire buya ekero ki'obogotu bwabo.
>
> **Lesson:** This is a blessing that comes from old people when a child has done something good for them.

2. *Timoita mororo, nere natancheti ndotungi na kiare,*

---

[i] Manga hill and Sameta hill were the highest in Gusiiland, hence encouraging chidren to grow tall like them.

biamoreteire na komosokia kerario osoka, kerario onsoni chimanaine, echio chiamokorire eosi, buna ikanda riaborabu riarorire itimo na sese meganda magega yaye. (Omwana naba omobe timomoita nobokong'u bwagerire agokora bo, obokong'u bw'omochie, na ororeria nabio biamokorire koba buna eosi (ebarimo). Obeire buna eng'era etwoni (ikanda), ekero yarorire ng'a abanto bayebereire ang'e koyeita nigo yare gotama na obwoba obonene. Abanto ba' Borabu nabo bare koimoka ne'chisese bachiminyokia bachiita).

Before condemning a wayward young person, consider his background and the environment he/she has been brought up.

Esomo: Abana mbare bakoretererwa ase ogokora amabe kobwatekana buna bakinetigwe.

Lesson: Be considerate in meting out punishment to wayward young people, because it is sometimes due to their upbringing.

3. *Tureti etari kina, m'bamura etabwati.* (Ekenyoro getari n'ebina, n'abamura bataiyo): A locality without trouble and criminal cases has no young men.

Esomo: Abamura n'abatirigoyu.

Lesson: Young men tendto cause trouble, especially by becoming unruly and breaking the law.

2.5. Section 5: Marriage

Marriage is a very important institution in the *Abagusii* community. Girls and boys looked forward to marry and the people in the community also looked forwad to see them marry. Girls were a source of great wealth since they brought dowry/pride price, which was wealth to the home. The dowry was in turn used by the boys in the family to marry. Therefore, girls were valued greatly. Every parent took care of their daughters and brought them up with proper training in regard to marriage and morals, which were factors in getting a good husband--hence dowry.

As the girl reached a nubile age, the parents watched her movements and gave advice from time to time. With their experience, they knew it was hard to choose the right man. Parents normally came in to give advice in the form of proverbs: *Omoiseke omuya achore gekamago kemo amere* (A good girl should choose one hole in which to grow.)

When a farmer plants maize seeds he/she digs holes and starts to throw seeds into them, one by one. In the proverb, the girl is asked to choose which of those holes she should throw herself in and then as a result, like a seed, start germinating in it. This advice tells the girl to choose one boy and concentrate on him. Courting more than one boy is not advisable as this is likely to waste time for the girl and the boy, hence bring confusion. It will also court disturbance from the boys who will keep sending the emissaries to her home all the time. So she is advised to choose one boy (choose one hole in which to germinate) and let the parents know whom she has decided on.

The boys are not spared either. Proverbs are directed to them as well. When a boy has matured and is of marriage age, his parents also give him advice through the following proverb: *Nyansarora okuma Bonyando, ng'ai ngochia nyakiore amotimie getinge gose boiko bware gocha ang'e* (There is a girl called Nyansarora at Bonyando clan reputed for her character; I wish my son could put a ring on her leg[i] [marry her] to shorten

---

i Abagusii used to put *ebitinge* (brass rings just above the ankles) on married women as part of the wedding ceremony.

the distance). This proverb is uttered by a mother who wants to encourage her son to marry, but to marry a good girl. Nyansarora was a girl at the clan of Bonyando who, in those days, was reputed for her character. The proverb generally refers to a girl whose character is desirable. The proverb advises boys to marry girls of good reputation. Once they come to the home, such girls won't be disobedient or be the type that like fighting or quarrelling. They are the type that will add peace to the home.

When it came to wedding ceremonies, proverbs were not held back either. They were used at the ceremony to advise the pride and the groom as well as the parents of both parties. This is important so that peace and respect are observed. The community's values are to be sunk into the people from time to time. Since marriage is an important institution, proverbs warn of dire consequences if someone did not obey the rules and regulations that go with it. The following proverb is spoken at the wedding ceremony to both the girl and her mother-in-law to-be:

Ng'ombe na mbori chikane korigereria magega yaya, korera tarera boreri bobe bwoye tagochongeria mobere osinye bikoe.
(Dowry should say "No" to divorce and let your mother-in-law not complain of your bad behaviour; let her also not frustrate and mistreat you until you sigh in distress and depression.)

Once dowry is paid, the marriage is sealed, and the girl should not reverse her decision. She is warned never to toy with the thought of divorce. The above proverb also advises the girl to show good behaviour to her mother-in-law once in her new home. The good behaviour will help show that she was provided with proper training and upbringing. The proverb also warns the mother-in-law to treat the girl with respect so that she does not have stress and lose weight. The following proverb is also used on the wedding day:

Genda ase getinge omere otari kenyambi

(Go to your marriage home, grow well; don't be a weed. In other words, go to your marital home, prosper, and don't be a dependant.)

This is spoken by an old woman to her daughter during a wedding day. Since she is going away to her new home, she faces big challenges. She is expected to behave well and give reputation to her parents. If she behaves badly she is, not only going to be rejected by her husband and mother-in-law, but will also disappoint her parents back home as well. In this proverb, the mother tells the daughter to go and live well and grow like a good plant, not like a weed. If she grows like a weed, she will be thrown over the fence, be sidelined and not be involved in family matters. There will be no respect for her.

Before the girl leaves for her marriage home, she was told the following proverb: *Omwanchi oo abe maiga ao tari nyangi tari bogotu* (Let your spouse be someone you love and miss always, not only on your wedding day, but even during old age).

Now readers, let us study wisdom, values and norms that guided marriage institutions in the Abagusii community through the following proverbs:

A

1. *Amatira-tira nkorigia nyakobitinge, ani nyakobitinge suguta ogotamboka na itimo koboko, amanda agitere* (Kona korigia omokungu okonyuoma, nabo agocha otoka omochie otamanyekaneti):

A man set out to look for a wife. He took many days

looking for her. He was about to give up when he found her in an unexpected village.

Esomo: Konyora omokungu bw'enyangi (bw'okonywoma) nigo ekogania omokia n' oboremereria.

Lesson: To get a suitable woman for marriage, one must work hard and be patient.

B

1. *Batiga bareri, na nchera chigoetwa n'ase getinge naarekerwa, abe gieseri mbairania bogambi* (Komwatigire abaibori nigo mokonywomana mwarosia obogambi bwaino):

Marriage transfers two young people, a boy and a girl, from their parents' home to establish their own kingdom.

2. *Buya bwang'ondi nsigiti etaratwata* (Obuya bw'eng'ondi mboria bw'esigiti etaratwata): The beauty of a sheep is displayed in an ewe that has not given birth.

Esomo: Ekieni ki'omukungu nabo gegokea ekero anyorire abana, korende genderera komwancha.

Lesson: Know that the beauty of a woman diminishes after birth, hence accept her the way she is after bearing children.

3. *Bokabara 'mbomuma bokagera ngatandora engobo yane* (obokabara nigo bore buna emuma, imbwagerete ingatandora engobo yane): Naughtiness is like a curse, it made me tear my beautiful garment for no good reason. (This refers to a story of a girl who refused to marry a particular man because he was poor. She later tore her dress to express her protest. However, her brothers forced her to live with him. Later this man was crowned chief of the village. During the homecoming ceremony, the wife was heard cursing herself for the foolish act she had exhibited when she married him.)

Esomo: Obong'aini magega bore.

Lesson: Regrets come later after a mistake.

4. *Bwanchi bwamang'eire, ntengora bokorigia* (Okomang'a obwanchani igo nokobochaka. Okwo n'okoria oboko. Ekero omonto anyorire ase aranyuome korwa igo omang'ire enka eyio. Erio koba n'obomaene ng'a oboiri obwo n'obuya goika aenekie korwa ase abanto. Abanto nabwo bagotengoria gose bakorusia chitang'utang'u korwa ase enkoro igoro y'enka eyio): A man who wants to marry, should first find out from a trustworthy source about the behaviour of members of the family he wants to marry from.

Esomo: Mbuya koenekia kegima ng'a enka eyio otagate konyuoma korwa n'engiya.

Lesson: Before you marry, investigate fully and get adequate knowledge about your spouse-to-be.

C

1. *Chaka oboiri botari nyambu* (Chaka oboiri obore botari enyambu):

Have a relationship that is without a chameleon.

Esomo: Kabe n'ob botari goonchokaoonchoka; bore n'obwanchani angaki yonsi

Lesson: Have a lasting marriage, one with love; not inconsistent, erratic, one.

2. *Chiombe nyambwatania omosamaro ko mogichora omwana bw'Onyancha meri etaiywe* (Chiombe nigo chikobwatania omonto korwa bosamaro n'oyonde korwa bogichora, bakong'a bokong'u buna emeri omonto ataiye):

Dowry enables a boy and a girl from Bosamaro and Dogichora to marry each other, a union that becomes strongand cannot be uprooted.

Esomo: Enyuomo n'ero ekogera abanto babere bamenya amo mbagotigana.

Lesson: Marriage binds people of different blood and different places together, such that they cannot be separated.

E

1. *Esigani mboraro nka* (Esigani nigo ere oboraro gocha enka):

The go-between is a bridge between two families.

Esomo: Esigani nigo enga oboraro.

Lesson: The go-between is like a bridge.

G

1. *Ge'kwaborwa, o'Mogwasi ing'aakoire (Onye kwaborirwe omosacha ogokonywoma tiga omogwasi akonywome)* If you cannot be married at home, you will be married by a Gwasi man (far away.) (In the olden days Suba men preferred to marry spinsters from Gusiiland. Therefore, girls who delayed to get married because no one had proposed around home, ended up in Subaland where life was even more comfortable. It is an advice to girls never to worry when they are over-age and are not married.)

Esomo: Nabo okonyora omosacha, remereria.

Lesson: Don't worry, you will always get married.

2. *Genda na 'bwari 'buya, na onywe 'mache 'maya (Genda 'obwari obuya, na onywe amache amaya)* Go in peace and may you always drink pure water. (This is a blessing pronounced by a father to a newly-married daughter just before departure to start a new life with her husband.)

Esomo: Sesenigwa ase enywomo yao.

Lesson: Be blessed in your marriage.

3. *Genda ase getinge omere otari kenyambi* (Tiga ogende ase egetinge omere, toba n'ekenyambi):

Go to your marriage home and grow well, with no weed.

Esomo: Menya ase enywomo/enka yao buya n'omorembe..

Lesson: Live well and in peace in your marriage home.

K

1. *Kaya 'nkaya kanga Mwango o'Matara (omoiseke omuya, n'omuya, igo abwekaine Mwango o'Matara):* As beautiful as Mwango, daughter of Matara. (Miss Mwango, daughter of Matara, was once the most beautiful girl in Gusiiland. She was small in stature but very charming and industrious)

Esomo: K'omonto are omuya, n'omuya.

Lesson: Appreciate people's potentials.

2. *Kee keyia nkeerwa* (Ekee ekeyia nakio gekoerwa endagera):

A newly-stitched *ekee* (mat-plate) is preferred in serving food. The old ones are neglected.

Esomo: Omokungu omogeni nigo agwanchwa kobua baria abakoro.

Lesson: A newly-married wife is given more attention than the old ones.

3. *Koria borera ebando, mboremereria bwabora buna mambia mbotakie borabe* (Okoria oborera bw'ebando n'okoremereria gwakobora koganya mambia eike egere ebando ekong'e):

He who eats maize that is not ready for harvest shows that he lacks patience to wait for tomorrow when it will have matured.

Esomo: Oboremereria mboganeirie ase amang'ana amange. Omonto okonyuoma omwana otarang'ainia, oyio boigo noboremereria bwabora ase are.

Lesson: Patience is needed in life. One who marries an underage girl shows that he lacks patience.

M

1. *Masinga abora mwai mbagesi tokorigia* (Amooba nigo amete seito, oyoko'yaa oborire, nere tokorigia):

So many mushrooms in our home, we are looking for the one to harvest them.

Esomo: Abaiseke abange bokonyuomwa mbareo, korende mbamura totabwati bakobanywoma.

Lesson: There are many marriageable girls, but we have no boys to marry them.

2. *Monyuomi motache, motache ang'ina atengere bamwabo ko naise ataombie* (Omomura onyuomire nigo agotigwa bwetenenera korwa ase abamwabo na abaibori):

He who is married must know that he has freedom from his parents and his brothers and sisters.

Esomo: Enyuomo nigo ekoreta obosibore ase abanto babere korwa ase abaibori babo. Egokie obosibore obwo.

Lesson: Enjoy freedom in your marriage.

3. *Monto ona mosubati omwabo, agende gesere kia'Nyamwamu, akunyorie mogoye ona kuoma, akore kericho na kwabeka* (Omonto obwate omosubati omwabo, tiga agende egesera kia Nyamwamu, akunyorie omogoye ona kwoma, akore ekericho na ekiabeka): Let one with a sister go to Nyamwamu's forest-land and pull out a rope (a tree bark) and be ready to tie it round an animal.

Esomo: Oyobwate abaiseke nanyore chiombe. Tiga eariganie konyora etugo.

Lesson: One with many sisters will get plenty of dowries. He should start preparing for them.

4. *Mosae kengera mbusuro chiao, tichitaroka, chirusie bagaka kenuso mioro* (Omosae okengere chimbusuro chiao, tichitaroka, erinde chirusie abagaka ebinuso chimioro): Young man, guard your seeds lest they explode and in the process remove tobacco from the elders' nostrils. (This is a warning to the youth to take care of themselves so as not to cause unnecessary worries to elders who are supposed to be relaxing, sniffing their tobacco).

Esomo: Abasae mwerende, timonyoria abaiseke abana, ekero bataranyuomwa.

Lesson: Boys, do not make girls pregnant unwittingly.

5. *Motangi ona kondo takwa boiro, ase getinge agwe ase rorera, keoreri nkerora mogayani.* (Omong'ina nabo are gotebia omwana oye omoiseke omotangi, ekero are kogenda bwoye, ekero are n'ekondo (akarandi agake kare kobekwa amabere) ase okomoganeria amaya. Nigo are komoganeria ng'a abe ne'chimbwa chingiya, erio takwa boiro (ogotaba n'amabere). Naende osaba ng'a ase egetinge (bwoye) agwekane ase rorera (sobo) erio bina mbitoka ase abagayani bakona gocha kogayana).

My first born girl has a little gourd in her hand. Let her not lack milk in her new home; let her behave as she behaved when here at her home so that there will be no dispute or case involving her that will call upon elders to settle it.

Esomo: Menya n'omorembe ase enyuomo yao.

Lesson: Seek peace in your marriage.

6. *Mwana tochega mino Onyakoni neba nene* (Omwana tobaisa gochega mino O'Nyakoni nonya kere onene)·

My son, don't fight within your own clan, regardless of how big o'Nyakoni clan is.

Esomo: Tagochaya machiko amaya y'enyuomo. Tobaisa konywoma ase ekenyoro (enyomba) kiao.

Lesson: Respect marriage principles. Don't marry within your own clan.

N

1. *Ng'ombe na mbori chikane korigereria magega yaya, korera tarera boreri bobe bwoye, tagochongeria mobere osinye bikoe* (Chiombe amo ne'chimbori chikane korigereria magega, ekorera tebaisa korera oboreri bwao obobe, naende tagochongeria erinde onyagoita ebikoe):

Let dowry say "No" to divorce and let your mother-in-law not cry due to your bad behaviour. Also, let her not frustrate and mistreat you to an extent of making you sigh in distress.

Esomo: Menya buya – n'omorembe na amasikani – ase enyuomo yao.

Lesson: Embrace peace in your maritalhome. Divorce should be avoided.

2. *Nyansarora okuma Bonyando, ng'ai ngochia nyakiore amotimie getinge gose boiko bware gocha ang'e* (Nyansarora nigo akumete Bonyando, naki intakonyora Nyakiore/omokundekane amokorere enyangi egere ense ebe buya):

Nyansarora who lives at Bonyando village is a desirable girl. I wish I get a priest to wed her to my son; at least life would be better. (This was said by a mother when her son came to her house to fetch food. It was a way of encouraging him to marry; but also to marry a good girl.)

Esomo: Nyuoma omoiseke ore n'echimbwa chingiya.

Lesson: A good character is desirable in marriage.

O

1. *Omoiseke omobe momura oare aganyete* (Omoiseke omobe n'omomura okorwa are aganyete):

A bad girl waits for a distant boy to marry her.

Esomo: Egento ekebe oyogokeira n'oyotakemanyeti; oyokorwa are.

Lesson: Something bad is only bought by someone from afar who is not aware of its blemish.

2. *Omoiseke omuya achore gekamago kemo amere* (Omoiseke omuya tiga achore egekamago ekemo amere):

A good girl--let her choose one hole in which to grow.

Esomo: Chora omomura oyomo nakobeka ebirengererio biao bionsi asare.

Lesson: Let a girl choose a man once and for all; it will give her time to concentrate and court him well.

3. *Omoiseke esang'onde* (omonyamabwato) *omonyene emori n'amorooche* (Omoiseke obwate ebibwato ebiya, bichire, omonyene chiombe namoroche):

The beautiful girl with huge thighs, the owner of the cows is watching you.

Esomo: Omoiseke omonya kieni nigo agochaka gotonerwa kare omoke.

Lesson: A beautiful girl normally attracts attention when young.

R

1. *Rikongo tiriana kwebeka ngori* (Nonya n'engombe ere engotu tiyana kwebweka engori): Even an old cow has never tied itself for slaughter.

Esomo: Omoiseke nachi agotere sobo tana goteba buna bono ndigerie omosacha. Tagokwana nonya gachandegete ase ebirengererio.

Lesson: Even if a girl grows past the age of marriage, she will never propose for marriage. Even when it is apparent that she desires a man to marry her, she would not express this desire.

T

1. *Totogia momura kieni, motogie nkoro* (Totogia omomura ekieni, omotogie enkoro okoba agokora amaya):

Don't approve or admire a man because of his appearance; admire his heart (his good deeds).

Esomo: Rigereria ebikoru bi'omonto; tari okororekana kwaye.

Lesson: Judge someone by his actions and not his outward appearance.

2.6. The Virtue of Hard Work

In the Abagusii community, hard work is a virtue. As the proverb, o*re nagesero tana koborwa boraro (*Whoever has a sleeping-hide will always find a place to sleep), tells us, there are benefits that come with hard work, as opposed to lazy life. Whoever is hard working will always find comfort and happiness in life. The proverbs in this category condemn laziness and despise lazy individuals in the society. The proverbs praise those who wake up early in the morning to go to work and endure the cold dew on the grass. Those who wake up in the morning, warm themselves by the fireplace, and wait for hand-outs are admonished by the wisdom of the proverbs. The proverbs express admiration for men who go out to gather honey and bring it home for the family. Now readers let us savour the wisdom of the Abagusii people as regards the virtues of hard work provided by the following proverbs:

B

1. *Baba tarera Mogondo na nguru ngesera ibu* (Titotiga baba akore emeremo bweka mogondo ekero intwe abana baye abwo tore chinguru chiaye ndiiko togwota omorero):

Let my mother not dig alone when her strength (we children) is warming itself at the fire-side.

Esomo: Tiga koba omworo. Obworo n'egento ekebe.

Lesson: Don't be lazy.

2. *Bosaga mborura, enchara mbobe ekoroma genda mogondo* (Obosaga naborura, ko enchara nigo ekoroma mono; igo genda mogondo):

The morning cold bites, but hunger bites harder, therefore go to work.

Esomo: Omoremi tari kuoboa obosaga.

Lesson: A farmer should not fear the morning chill.

C

1. *Chiakumeire Moraa o'Kiage, akama ng'ombe akama na mbori.* (Chiakumeire Moraa, omosubati O'Kiage, okoba agokama chiombe naende okama chimbori): Fame has come to Moraa, daughter of Kiage, who milks both cows and goats. (This was spoken by co-wives. In the proverb Moraa, who is a daughter of Kiage, is blessed with both children and livestock and her co-wives are jealous, hence the envious remark by her co-wives.)

Esomo: Omokia noro okoreta obonda/amari.

Lesson: Hard work pays.

2. *Chinguru n'amakonde akoria* (Chinguru na amakonde agochiria):

Strength is eaten by worms.

Esomo: Takoba omworo. Ekero gwakure chinguru echio okoegerera nigo chigosira bosa. Manya ekeegwa (etaranta) kiao nakogekorera emeremo gokonya abande.

Lesson: You cannot preserve strength for future use. Do not be lazy. Make use of your potential when still living.

3. *Chinteng'e (chinguru) chi'Okaru mbaara chiraseke* (Chinguru chi'Okaru nigo chirarokane buya ase agwatia chimbara):

Okaru's strength can only be attested by the way he can make logs laugh (by splitting them).

Esomo: Chinguru chi'omonto nachio chikomoa emeremo.

Lesson: It is someone's hard work that will make him succeed.

E

1. *Ekerabe n'enguru egokoa* (Egento oranyore gose oragese nokoba ye chinguru amo n'omokia oo):

Whatever you harvest, it is as a result of your effort.

Esomo: Omokia noro okoniba.

Lesson: Hard work pays.

2. *Entakana ebe nguru tenakwerera; ebe nguru buna nyeke* (Entakana nigo ekoba n'echinguru tekona kwerera, ebe n'echinguru buna ekemeri giachakire komonia korwa riroba ime.):

An orphan should have strength like a seedling; he should not sit there sympathizing with himself or herself.

Esomo: Entakana teba enyoro.

Lesson: An orphan cannot afford to be lazy.

3. *Etachi korina tiga erie chintobera inse* (Eyere etari konyara korina nyetige erie chiria chiatobeire inse):

Since it cannot climb, let it eat the ones that have ripened on the ground.

Esomo: Omonto omworo tiga aisaneke nakeria egeke akoegwa, nagechi kebe ekegundo. Obworo n'obobe.

Lesson: A lazy person should be contented with what he is given, no matter how small, or rotten. Laziness is a disgrace.

4. *Etari na kemincha etirerie keene* (Eng'ombe etari na ekemincha nyetige etireri ekeene): Let the tailless cow play with its stump.

Esomo: Kera omonto nabo akonyara gokora egento, nachi abe ekerema. Titosiereria onde.

Lesson: Disability is not inability.

G

1. *Getiiro nke mogondo, ko moserengeti ore eero* (Egetiiro ne kia'mogondo, korende omoserengeti n'oyore eero): He that encounters a hill at the farm, leads a conversation in the living room.

Esomo: Omokia noro okoreta endagera; tari ogokwana. Tiga obworo.

Lesson: Results are attained through work, not mere talk. Take action, don't just talk. Don't be lazy.

K

1. *Kiage kiaora, moremi ogokonga mogondo.*

(Ekiage nigo gekwaora (gekoba bosa) onye omoremi ogokonga omogondo; yaani okoyorigereria korwa are):

A yawning (empty) grannary is a farmer doing nothing, but just staring at the farm.

Esomo: Obworo nigo bokogera endagera yabora omochie.

Lesson: Laziness brings hunger to the family.

M

1. *Mogani kia omwabo okwa motaka* (Omonto okogania egento ki'oyomwabo nigo agokwa kare omotaka): Someone who depends on his kinsmen, dies poor.

   Esomo: Kora omokia otware ekiao.

   Lesson: Work hard, invest, and be independent.

2. *Mogisangi siberia ong'e toa monto okobayabaya* (omogisangio osiberi ong'e, tobaisa koa omonto oyore okobayabaya):

   Sip and give it to me, my age mate. Don't give the lazy one who wanders aimlessly.

   Esomo: Konya omonto otari omworo, oyore omonyamokia oragokonye aankio.

   Lesson: Help someone who is not lazy; one who can reciprocate your kindness.

3. *Mokia ng'eria* (Omokia nigo ore eng'eria): Hard work is wealth.

   Esomo: Tokore omokia.

   Lesson: Let us all work hard.

4. *Mominchori imi tang'ana mosera ibu* (Omonto okominchori rimi tareng'aini oyore ogosera ribu) (Omonto okoboka maambia ochi gokora emeremo tareng'aini omonto okoboka maambia ochi guota omorero): One who leaves home early in the morning when there is dew on the grass is better than one who remains in the house warming himself by the hearth fire.

   Esomo: Omonto omonyamokia tari koremerwa.

   Lesson: A hardworking person will always have what she/he needs.

5. *Moremi otachi mbura asimeke morakera* (Omoremi otamanyeti chingaki nigo agosimeka engaki y'omorakera):

A farmer who has no knowledge of the seasons will plant during a dry season.

Esomo: Onye kore omoremi, manya chingaki chiogosimeka.

Lesson: As a farmer, you need to master the seasons.

6. *Mosamisi nchoke tana koborwa booke* (Omosamisi chinchoke tari koborwa oboke):

The honey-gatherer never goes without getting honey.

Esomo: Ekero okorigia n'omokia nabo okonyora ekio otagete.

Lesson: If you work hard enough, you will achieve what you want.

7. *Mosomba n'onguru* (Omosomba noyore obwate chinguru):

A servant is one with strength.

Esomo: Kora omokia ase keria kegokoa egento kwaria.

Lesson: A person should work hard on what provides him with his livelihood.

N

1. *Naikire, omokendo oika boruma (Nigo naikire buna omokendo ogoika boruma):* I have arrived where the tide settles into calmness (This refers to a successful mission that has finally resulted into a comfortable life.)

Esomo: Tiga twaremereria, nabo togocha twanyora.

Lesson: Patience bears fruits.

2. *Nekiao orasarie (N'egento kiao orasarie):* You will need to sacrifice what you own.

Esomo: Goika otumie keria obwate (ekere ekiao) erio omanye konyora keria otagate. Ase omobwekano, goika oakane chiombe konyora omokungu.

Lesson: If you want a favour/benefit, you must sacrifice something.

3. *Ng'a chingaki na kiarania ntinde nkwebukera mbokere amatororo* (Tiga inyore chingaki amo n'obokombe obuya erinde indemere inibe chiombe):

Give me time and a *jembe* so that I may cultivate my farm and raise money to buy cows.

Esomo: Omokia nigo okoreta eng'eria/amari.

Lesson: Hard work creates wealth.

4. *Ng'ende emo yaibora igana* (Eng'ende eyemo nigo ekoibora rigana):

One bean gives birth to a hundred beans.

Esomo: Tiga tokore omokia toniibe; titokoria ebi tobwate bionsi.

Lesson: Let us invest, instead of just consuming.

5. *Nguru makonde akoria* (Chinguru na amakonde agochiria):

Strength is eaten by worms (when one dies he is buried in the soil where worms feed on him.)

Esomo: Tumia chinguru chiao ekero ochibwate; otaragota. Tiga obworo.

Lesson: Use your strength when you still have it; before you are too old. Don't be lazy.

6. *Nigo ogoseka buna otongoire okoria?* (Nigo ogoseka buna omonto okoria ebi'atongoire?)

Are you laughing like someone who is eating what has just been harvested?

Esomo: Oyobwate n'ere ogotwara omogoko. Kora omokia.

Lesson: Happiness is found in those who have plenty of harvest. Work hard.

7. *Nosia bonuke mboanda bogokuma* (Nochi osie obosie obonuke onye imbokoigotia rirorio mbosa):

It is alright to grind refined flour, but what will matter is how full it will make our stomachs.

Esomo: (Abanto nigo batagete okoigota, takonya gochandeka korigia obonuke onye tibori koigotia.) Tokore egento kere ekieng'encho, gose egento kegotokonya.

Lesson: Let us do something that is practically useful to us. Let us not waste time/effort on unimportant refinements.

8. *Nyakenywera bande otana konywera gechuri mwaye arore k'omomera ogooncha* (Omonto okonywera amarwa mwabande, ere otari konywera nyomba mwaye erinde arore buna omomera ogooncha): This man drinks in others' homes; he has never experienced the effect of yeast in his house.

Esomo: Oyo n'omonto omworo. Tanyagokora kende kia ngecho mwaye erinde arore emechando kebwate getaraba.

Lesson: This is a lazy person, who has no experience in achieving any goal successfully.

O

1. *Ore nagesero tana koborwa boraro* (Omonto oyo bwate egesero kiaye tari koborwa oboraro):

Whoever has a sleeping-hide will always find a place to sleep.

Esomo: Nabo orakonyeke onye kore n' enibo gose egento keragere onyore.

Lesson: You can be supported when you show effort or hard work, or have some small investment.

2.7. Goals and Vision

Education, guidance and counseling were all weaved into the Abagusii proverbs. More so, the proverbs never came short of giving direction to one's life, encouraging him/her towards being focused in life and aiming at certain achievements. The proverbs helped shape society's and individual's objectives, goals, mission and vision in life. As one of the proverbs says: *Otari kerenga chimbero nchirare koora kiige kia mwana* (He, who has no goal for his work, will not work to accomplish it). The proverb indicates that only those individuals who have set goals are able to accomplish their work. The proverb encourages people to set goals and by so doing they will be encouraged to work hard.

According to Abagusii proverbs, one needs to set a goal for everything he does. Let us examine the following proverb: *Nyamuya tegosareria oboko* (Don't let the beautiful cow spoil your marriage). This proverb advises us that if one wants to marry a beautiful girl, then he should be ready to sacrifice his best cow. The proverb teaches us that one should not spare his best item if he wants to realize his ambition. In other words, individuals should strive and make sacrifices in order to achieve their objectives in life. The emphasis here is the goal. Now let us read the following proverbs, which provide insights that will guide us towards setting targets in our lives:

B

1. *Borori botagura monto orooche bironche bia marera nda* (Omonto oroche abana baye bakorera ase enchara enene yare kobaroma korwa ase chinda chiabo, nere ochagete koba n'oborori bwogosiria enchara eria ase omochie oye. (Ebironche n'abanto abareu mono.) Igo omonto oyio otagete gosiria enchara eyio takonyara kwagura, korende ere igo agotenena na kogenda mogondo korema):

Vision comes to a person in order to solve a particular problem.

Esomo: Oyogokora ring'ana n'oyororire obuya/obobe bw'egento ekio.

Lesson: Someone with experience becomes a better solution provider.

N

1. *Nyamuya tegosareria oboko* (Eng'ombe engiya tegera oboko bosareke): Do not allow the beautiful cow to spoil your marriage.

Esomo: Toba omogoko; egento kiao nakio gekogokonya.

Lesson: Do not spare your valuable item if it can enable you achieve your goal.

O

1. *Otari kerenga chimbero nchirare koora kiige kia mwana* (Oyotabwati ekerenga nabo abwekaine omwana okweegia egasi y'abanto abanene):

He who has no goal, is like a small child trying to do work only adults can do.

Esomo: Omonto otari n'ekerenga ase emeremo yaye tari koyekora buya.

Lesson: It is the goal set that influences people to work hard.

2.8. Communal Living

Proverbs are used by the Abagusii people as rules that guide them in their communal living. They guide behaviour and conduct among the Abagusii people as they integrate, socialize, celebrate, share, marry and work together as a community.People's beaviour is confined within rules set by proverbs. Let us read the following proverb:

Mokungu obande nyabarati ebweri; torusia mokorogoto oagage nsoni chitamere magachi otang'ang'e tureti binyunsa bire mioro (Somebody's wife is like someone's cow within the fence; don't ever persuade her to commit adultery with you, lest respect will escape you at the elders' council). This proverb talks to men who are immoral. It tells them to respect their neighbour's wives. If one commits adultery with his neighbour's wife and is discovered he will be embarrassed when he is made to stand before the elders' council to answer to the allegations. So he is advised to avoid this behaviour all together.

There are proverbs that promote virtues, such as kindness, love and sharing. These proverbs praise and encourage those who show kindness and therefore share their food and other items with others. The following is an example of a proverb that promotes kindness and sharing with one another:

Nkonye botwanetie nainche ngokonye boichire (Lend me half full, I will lend you full). The proverb encourages communal living where every one is responsible for the other.

In their communal living, the Abagusii people are encouraged to take care of the less- privileged amog them, such as the sick, orphans, widows and the poor. Those who are sick are supported by the community as the following proverb indicates: *Torera igumba otata keoreri nkeri riogo tunya bati tibweitia nchaywa boriri* (Never console the sick when you cannot help them; there is no medicine at home; go out and find help for them). The proverb tells of someone who consoles with a sick person but does not take action. It commands him to take responsibility by getting out there to seek help for him/her.

Let us also examine the following poverb:

Barande buna murwa monto narenge onyang'au (Let those young boys spread like grass; without their help I could have been eaten by hyenas). This proverb refers to an old man who recalls how, one day, when he was sick and could not walk, was helped by some boys. He had fallen by the roadside when they carried him home. The proverb is a statement from him. He is blessing the boys by telling them that they will grow and spread like grass. The main message in the proverb is: Let us help the needy and the distressed.

Abagusii people are communal in nature. They live together, support one another, solve problems together and help the less-privileged among them, such as widows and orphans, and set rules (through proverbs, oral poetry and narratives) that guide them. In their communal life, visitors to a home are important, and that is why proverbs emphasize on good treatment of them. Let us look at the following two proverbs:

Bageni nyabiagoro tagooncha bweri.
(Visitors are the ones who make us prepare and eat delicious food; so don't worry which goat you are to slaughter).

Baba ona maswa ataboore tangori mbacha.
(My mother has enough blankets that she cannot regret if she receives visitors).

The first proverb tells that visitors are the ones who make us cook delicious food, which otherwise we would not cook. We usually eat good meals when we have visitors, so they are a blessing to the home. Since they are the cause of happiness, the host should not worry which goat he is to slaughter, as the visitors are very important to us. One should slaughter even the best of his goats. The proverb shows that families in the Abagusii community are always prepared for visitors at any time of the day. They buy utensils, furniture, food and other household items in anticipation of visitors. While in Western communities someone will seek appointment, or be invited to a home, in Africa and, in particular, among the Abagusii community, someone doesn't need to inform the hosts in advance of his or her intended visit. People are always prepared for abrupt visits from friends and relatives. The hosts are encouraged to take them in, feed them and treat them well.

The words in the second proverb are uttered by a child. He says that his mother has enough blankets that she cannot be embarrassed if she happened to receive uninvited visitors. She has enough blankets, which they will use to sleep in. The proverb is telling people to buy enough blankets for visitors to avoid embarrassment when they receive them and also to encourage people to visit one another. This proverb shows that visitors are valued in the Abagusii community. Now let us read the following provebs that emphasize on the communal living of the Abagusii people:

A

1. *Abamura mbanga bande, tochaya bande* (Abamura nigo bare buna abande, tochaya abamo): Men are men, they are equally the same, so don't despise any of them.

Esomo: Sika abanto bonsi. Tochaya banto.

Lesson: Respect all people.

2. *Abanda, bataka mbagocha bichona* (Abanda, abataka tibagocha ase ebichona biaino):

Let the wealthy know that the poor will not always come to their palaces.

Esomo: Soka isiko gokonya abataka, ekiagera tibagocha ase abanda bamenyete.

Lesson: Go out and take care of the poor.

3. *Ase ribego rire nao chinsoti chigosangererekana* (Ase eng'iti ekwerete (egetondo kere) nao chinsoti chigosangererekana): Vultures gather wherever there is a carcass.

Amanga'ana Amanene: Abanto nigo bakobera ase endagera ere.

Lesson: People assemble where they can benefit e.g. at a festival or at celebration.

B

1. *Baba ona maswa ataboore tangori mbacha* (Baba nabwate ebinto biokorarera bisaine, abageni nabacha takoremerwa): My mother has enough blankets and cannot regret if she receives visitors.

Esomo: Kabe n'ebinto bisaine biokwebisia.

Lesson: Have enough bedding for visitors.

2. *Bageni nyabiagoro tagooncha bweri* (Abageni nabwo bakogera ebinto biaagorwa ase igo tiga kona korigia eyere enke gose endeu, bwata ende yonsi nonya n'enoru):

Visitors are the ones who make us prepare and eat delicious meals, so don't worry which goat to kill.

Esomo: Genia abageni n' omoyo oyomo.

Lesson: Be hospitable.

3. *Boiko bwa bande nkenama gesabire, menya gesonsogoro* (Ense ya banto bande n'ekenama gesabire, yemenye kore bisonsogoro):

A foreign land, which is not your home, is like a borrowed thigh, live on it while ready to flee.

Esomo: Oboiko bwa bande nabo oraurwe ituko rinde rionsi. Twara ebinto biao.

Lesson: Something that is not yours can be taken away any time. Possess your own properties.

4. *Boria Ogeturengi namanyete ng'a mbaraga mabe neitie nkio morumbe nsoromi maya a Nyamatarangi* (Oborie Ogeturengi nabo okonyora namanyete ng'a ogosanera omonto amabe nabo ogocha gweitia ankio yaye ekero obokong'u bwachire ekero oganetie okorerwe amaya) (Ogeturengi nigo are kobaragera Nyamatarangi amabe. Ekero obokong'u bwachia komonyora agasinywa):

Ask Ogeturengi for he knows what it means to talk ill of someone. He talked ill of Nyamatarangi and when trouble prevailed in his family, he was unable to go to Nyamatarangi for help.

Esomo: Tagosareria omoamate erieta. Toganeria omoamate amabe.

Lesson: Don't talk ill of your neighbour.

5. *Bororo bokuna ntorobi etaiyerie mwencheri airane* (Oyo nomogaka oyomo ogechetigwe nomong'ina oye, goika tagania airane narenta entorobi korwa ase abaibori baye):

Anger sinks so deep that no ransom can appease me to allow my wife to return home after expulsion.

Esomo: Abanto mbare batanyare kwabera.

Lesson: There are people who are incapable of forgiving.

6. *Buya mbori gesomo kerochi.* (Monto taiyo oranyare gosiekera obuya gose kobosiba ase ekerochi):

Goodness cannot be concealed; neither can it be teethered away.

Esomo: Obuya bw'omonto nigo bokoranda, tibori kobiseka.

Lesson: Someone's goodness shines and cannot be hidden.

7. *Bwanchi mbwariete Ogeko* (Obwanchi nigo bwariete Ogeko):

Love caused Ogeko's death (What one loves most is what leads one to one's destruction. Love is blind).

Esomo: Omosaani mokoria komo bwegenete nere oragoite.

Lesson: Your destroyer is usually a friend whom you trust.

8. *Bwanchi mbwa mweri k'omosunte bwabora* (Obwanchi nobw'ekero ki' omweri, kobono ekero kiomosunte bobora): Love comes when there is moonlight; but disappears when darkness comes.

Esomo: Ekero ore n'enibo nigo ore n'abasani abange, ekoera bagotama.

Lesson: When you have wealth, you acquire many friends; when you become poor, your friends abandon you.

C

1. *Chaga oene oborwe ogokoenora* (Chaga oene na oborwe oyomino ogokoenora): May you be in trouble,

but have no kin to come to your help. (This is a curse to a person who does not regard others. If he falls into difficulties may he not have someone to assist him).

Esomo: Rosia obosani n'abanto.

Lesson: This is a warning to those who think they can do without friends/relatives.

2. *Chiaita mogeni, chiaita n'onka* (Nigo chigoita omogeni, naboigo chiaita noyo'nka): They beat the visitor; they also beat the host.

Esomo: Twensi tosange obokong'u ekero bwachire. Mechando teri gwatanana; onde bwensi nabo akoyenyora.

Lesson: Let us all share in our problems. Catastrophe does no recognize status.

E

1. *Eamate n'engiya ekogera mwana achega* (Eamate n'engiya ekiagera ekogera omwana ochega): Neighbours are good; they tolerate a child's stubbornness.

Esomo: Totware oboamate obuya n'abanto. Toorokererie abana baito ching'encho chingiya.

Lesson: Let us create good neighbourliness. Let us instill good behaviour in our children.

2. *Ekeenene nkia mokungu morogi ore na bamura* (Ekeenene ne kia omokungu ore omorogi na boigo obwate abamura): Stubbornness/arrogance belongs to a witch with many sons.

Esomo: Nigo ogotwara ekeenene ekero omanyete n'obwate ogosemeria gete; ase omobwekano, abairi babwate okobua gete.

Lesson: Arrogant people bank their security on the number and strength of their relatives.

3: *Ekeumbu kiaare nkegundi boba* (Ekeumbu kere are nigo gekogundia amoba)

Mushrooms growing in a far away farm usually get rotten before they are harvested.

Esomo: Ebinto (gose obwanchani) bire are nigo bikoba ebikong'u korenda.

Lesson: It is difficult to take good care of far off property (or lover).

4. *Ekiomogoko n'omwana ogatoire* (Eke n'ekero ki'omoyega bwa abana (e.g. enyangi y'omwana) ase abanto batanyakoragera) (Egento kere ekiomogoko n'omwana okogera twaegwa):

It is children who make a miser share with others. (This is spoken during ceremonies at the home where hosts are known to be mean).

Esomo: Tosange ebinto tobwate na abaminto.

Lesson: We need to share with others.

5. *Ekoria yaroka onde morang'a* (Oyokoria naende oroka, tari korora oria ore n'enchara):

Someone who eats and vomits the food, cannot understand the hunger in someone else.

Esomo: Banto baigotete tibari komanya enchara abande babwate.

Lesson: People who have plenty to eat do not usually appreciate the suffering/problems of others.

6. *Embunde yaitete Onchong'a na Matara omwabo n'amagachi egachire* (Embunde eria yaitete Onchong'a amo na Matara omwabo nigo egachire amagachi): The bullet that killed both Onchong'a and his brother, Matara, is still kept up in the loft of the hut.

Esomo: Eke n'egesiomba.

Lesson: This refers to a revenge act still waiting to be carried out between enemy clans. (Usually told to a relative or brother of a person who caused death or hurt another.)

7. *Emetagara moyeura bogambi bisera* (Emetagara timoyeura ebisera, ekiagera n'ero ebwate ebisagansagi bietegete buya ase ebisera bikwagacheka):

Never take away nests from *emetagara* trees on which they are built, for they are suitably shaped for hosting nests.

Esomo: Kae kera omonto ensemo yaye.

Lesson: Accept each other's talents. Give to Caesar what belongs to him.

I

1. *Ituko rimo ndioro, kwania abako, meremo tekoera* (Rituko erimo n'erioro, kwania abako, emeremo teri koera): One day is a lazy day; use it to visit in-laws; after all work will always be there.)

Esomo: Neganeirie amatuko ande gwatimoka.

Lesson: It is healthy to create time for yourself and visit relatives/rest.

G

1. *Getari 'nkiamwabo kende* (Egetari n'ekiamwabo ekende): One piece is akin to another.

Esomo: Twensi n'abamo; tiga twanchane.

Lesson: We are all one people, so let us love and be kind to one another.

2. *Gochiatacha nchianywa* (Ekero chiatacha nabo enga buna nigo chianywa): Since they (cows) have stepped in the water, then it is as good as having drunk the water.

Esomo: K'oyomo agosa, twensi twagosire.

Lesson: If one sins, all have sinned.

M

1. *Moeti bisieri, onyora mara are iga (Omonto ogoeta ebisieri, nigo aranyore amara are ase riiga):* If you keep visiting people's homes uninvited, you are likely to see intestines placed on the cooking stones.

   Esomo: Tokonyagoetaeta emechie; nabo orabaisa konyora amang'ana amakorekane.

   Lesson: When you visit homes frequently, you are likely to encounter shocking issues/ weaknesses of those families. It may also also mean that one who frequents other homes can easily get an illness or misfortune that could have been avoided

2. *Mogeni momenta tiga ache* (Omogeni nigo akomenta ogosesenigwa gocha ase omochie, igo tiga achiche):

   A visitor increases blessings to the home, therefore allow him to come.

   Esomo: Ancha abageni, akiagera nigo bakomenta ogesenigwa ase enka..

   Lesson: Develop love for visitors as they increase blessings to the home.

3. *Mogusii Oito n'Okong'o nyamenwa ebere* (Omogusii oito nigo are Okong'o nyamenwa ebere):

   A Gusii person is "Okon'go" the double-tongued. (Okon'go is a person who is sly and supports opinions that only suit him, or opinions that can benefit him.)

   Esomo: Tobe abanto bobomaene.

   Lesson: Be self-principled.

4. *Mokungu obande nyabarati ebweri; torusia mokorogoto oagage nsoni chitamere magachi otang'ang'e tureti*

binyunsa bire mioro. (Omokungu obande nigo anga eng'ombe yabande ere bweri toyeigorera oirwe etureti kogambigwa otari na gekengero):

Somebody's wife is like somebody's cow within the cow-shed; don't release her from the cow-shed, lest respect will escape you at the elders' council.

Esomo: Sika omokungu obande; tobaisa korara nere.

Lesson: Don't covet your neighbour's wife. Don't persuade her to commit adultery with you.

5. *Mokoyone Kerindo agachia akamboa egesa n'orokini rw'eng'era* (Omoko one agachi akamboa egesa amo n'orokini rw'eng'era): My brother-in-law is a friend indeed; he did fasten me securely with the belt of a buffalo skin.

Esomo: Oko n'ogotogia obuya bw'omonto. Omoko okorenda omosubati buya nigo agosikwa.

Lesson: This is a praise to a brother-in-law who is generous to his sister-in-laws. He provides both food and clothing for them.

6. *Moisia ominto bwata rotanga nainche nyimbo tokogenda togwenere* (Omoisia ominto obwate orotanga, nainche mbwate enyimbo, erinde tokogenda nario torabwenere):

My age-mate, carry this rod, I also carry this walking stick, so that when we walk we shall match and be attractive.

Esomo: Tokore egasi amo. Totware obomo. Obomo n'echinguru.

Lesson: Embrace unity. Unity is strength.

7. *Mokogoti imokombi nyongo* (Omokogoti nigo are omokombi enyongo):

The last-born is the one to eats the remaining food in the cooking pot.

Esomo: Tigera ebinto/konya baria batari kwenyara.

Lesson: Let us support the weak, the poor and the less-priviledged.

8. *Mong'ainwa tari monene* (Omong'ainwa tari ore monene): Anyone, of any age, can be deceived.

Esomo: Nabo okong'ainwa nonya kore omonene gose omong'aini.

Lesson: However wise, or old we are, we are prone to deceit.)

N

1. *Nchera ya bombera ngiya, nabo omo akorusia onde kiogoto riso* (Enchera ya abanto babere n'engiya, ekiagera nabo oyomo akorusia oyonde ekiogoto eriso):

A journey of two people is safer, for one person may assist the other in removing a particle from the eye.

Esomo: Monto takomenya enseye ere bweka. Goika amenye n'abanto bande.

Lesson: One cannot be an island. You need to live with other people.

2. *Ng'a orotambe nduserie abanto baito rooche, orwane n'engegu rwaereire.* (Ing'ererie orotambe induserie abanto baminto korwa rooche, orwane n'ase engegu ruaereire): Lend me a belt to use in rescuing our drowning people; mine can't stretch beyond the bank. (This refers to an appeal for assistance to help one's relatives who are in difficulties.)

Esomo: Tiga tokonyane ekero tobwate oboremeru, gose obokong'u.

Lesson: Let us assist one another in times of need.

3. *Ng'ombe yaito eiyerie ebwagi na ngoromomi k'abanchi baregana.* (Eng'ombe yaito ebiare omotienyi bw'ebwagi na oyobw'engoromomi ekero abanchi bareganete): May our cow calf in the month of June or July when relatives gate-crash. (This is quoted during the famine season when food is scarce and visitors are not welcome).

Esomo: Tokonyane ekero endagera ere enke.

Lesson: Let us assist one another during famine.

4. *Nkonye botwanetie nainche ngokonye boichire* (Onkonye obori botwanetie nainche ngokonye boichire):

Lend me half full; I will lend you full.

Esomo: Oko nogokonyana engaki y'obokong'u.

Lesson: Supporting one another in times of need.

O

1. *Ona nchara nda arigie iruma rikwane* (oyore n'enchara akwane buya buna riruma):

When hungry, seek for a dove's mouth to speak.

Esomo: Ekero ore n'enchara remereria, tokwana bobe.

Lesson: When you are hungry, guard your tongue as you might speak unkind words.

2. *Ore nasemi asemi omwamo* (Omonto ore n'echisemi tiga asemi oyomwabo):

Whoever has wisdom let him advise his/her brother.

Esomo: Ogosemania n'okuya ase okoenora eamate.

Lesson: Sharing knowledge is good for the community.

3. *Otaiire ogetutu egekuu batekere morumbe konye na mbura egotwa bironche bikwe mbeo* (Ababisa batekere egeku morumbe, na konya nambura egotwa ebironche bikwe embeo):

Who will give people from Kitutu a terrible famine during the rainy season, so that the weak will die from coldness?

Esomo: Obobisa nigo b'okoragereria

Lesson: Enmity breeds cursing.

4. *Oyobwate omwabo obwatwa koboko ocha ka, otabwati omwabo obwata moraa mwomo* (Oyobwate omwabo nigo akobwatwa okoboko ochicha inka, oyotabwati omwabo nigo akogwa omoraa omwomo): The one with his kinsmen will be led to safety; the one without his kinsmen will fall on dry wood.

Esomo: Ekero oyomino are ase nabo aragokonye, korende onye tomanyiri nabo ogotigwa ase amechando..

Lesson: A reference to brotherhood and unity sometimes used to refer to nepotism. You get support depending on the people you know.

5. *Ogasusu mogeni otiokire* (Egesusu ekegeni giatiokire aiga):

A smell of a visiting hare is in the air.

Esomo: Oko n'okobayena omobisa.

Lesson: You can sense an enemy. A disguised reference to the presence of an enemy.

6. *Omokungu oisiko moino kae Bosibori ensio yaye n'ero yoka abwate agosera* (Omokungu omoamate bwatoka omosacha obande agende bwoye):

The woman in the neighbourhood, give Bosibori her grinding stone, as that is the only one she has for grinding.

Esomo: Eye neng'areka. Naboigo nabo erabe ng'a omokungu oyio n'omosacha o'Bosibori aenerie.

Lesson: This is selfishness. The grinding stone can also be symbolic to mean Bosibori's husband, who has been lured by the love of a woman in the neighbourhood.

7. *Ombwatirie mang'ana baragori batarute nche* (Ombwatirie amang'ana nonye n'abaragori batanyare koragora):

He accuses me falsely, even the witch doctors cannot find fault in me.

Esomo: Omonto omuya nang'achwa, abanto bande bamomanyete nigo bakomoegerera.

Lesson: False accusation does not hold because often there are people who come in the defence of the wrongly accused.

8. *Oyomino moromie esukubi egechuria n'ere maarekana agocha aita* (Omonto omino moe egento ekiya, ekiagera n'ere orakorende ekero oraremerwe):

Care for your brother because he is the one who will care for you when you also have a problem/die.

Esomo: Renda oboamate bwao n'abamino, ekiagera abwo n'abwo baragokonye ekero kwanyorirwe n'obokong'u.

Lesson: Take care of your kin, for you will need them when you are in need or when you die.

9. *Oyogoita ekerongo takaga nkeri magwa* (Omonto ogoita ekerongo tabaisa gokaga ng'a tikebwati amagwa):

He who kills a porcupine, let him not think that it has no sharp quills.

Esomo: Manya ebirwanero bia omobisa otarachia esegi.

Lesson: Know the strength of your enemy before you go to war.

10. *Orangi aka ng'umbu ogunche chinguba chinakwoma, rogoro Oisanga nenga mache* (Orang'i amboka orosie chinguba chinakuoma chichegokonya ekero gi'esegi; abanto ba'Boisanga nabange baratokonye): Cross the

river and prepare shields. Up there in Oisanga, our people are many and ready to help us.

Esomo: Esegi ekorwanwa ase obomo eyio n'ero esegi ekobua.

Lesson: Unity in war is indispesnbale for victory.

R

1. *Rosuku romo ndwana kobuga (Orosuku oromo tirori kobuga):* One string will never make music

    Esomo: Tobe amo nario torakore egento ekenene.

    Lesson: Unity is strength. . Be in a team so as to be recognized and to derive group benefits.

S

1. *Samberebere ya nyama ngetinya* (Koegwa enyama nigo okorasaba egentinya): The formula for getting free meat is to request for fat.

    Esomo: Saba egeke nario oraegwe. (Amatuko aetire egetinya nigo kiare gwakwa enyimbo. Igo nigo giakarurwe bosa. Omonto otagete akanyama kabosa nigo agachiereire omonyenyi na komosaba egetinya; omonyenyi orora obosoku omoererania akanyama.)

    Lesson: Ask for less and you could get more. (In the olden days, fat was used to greese walking sticks. Someone would go to the butcherman and ask for some fat to apply on the stick, but since the butcherman would feel embarrassed to just offer fat alone, he also cut a piece of meat with it.)

2. *Seria engoncho korwa ekenagwa teira chingero Bogirango* (Seria engoncho korwa ase ekenagwa erio teira chingero Bogirango): Chase the parrot from the hedgerow so that it does not tap and carry our song-tunes to Bogirango.

Esomo: Rora buya abanto egati yeino bare ababe, bagocha koroota.

Lesson: Beware of spies among you.

3. *Sira nkegonkorio, tosabera mosira roku (Esira nigo enga buna ekegonkorio, tosabera omosira amakweri):* A debt is like a piece of broken pot, do not wish death to your debtor. (A debt like a broken piece of a pot never grows old. It will be paid even in the far future, provided both parties are living.)

Esomo: Tiga twaberane, titoitana okoba esira, nabo egocha goakanwa amatuko are motwe.

Lesson: Let us be patient with our debtors as they will pay in the future.

T

1. *Timoita ntakana, tiga echabumbe ko gicha techia koiba* (Timoita entakana, tiga echabumbe ko gicha techia koiba): Do not torment an orphan, let him grow up, provided he doesn't involve himself in crime.

Esomo: Renda baria batari kwenyara

Lesson: Take care of the weak, or vulnerable or the disadvantaged.

2. *Tokaga imoneke otari igwa.* (Tobaisa gokagera buna oyo n'omoneke otabwati amagwa.): Do not liken this to the spinach stem, which is thornless.

Esomo: Abanto mbare bare abororo na mbare abatindi. Manya ng'aki okomenya na kera oyomo.

Lesson: Some people are tolerant and soft and others are strict. Learn how to treat each of them.

3. *Tokonyara noita Oreri na mwaye* (Tokonyara noita Oreri na mokaye)

You cannot succeed even if you killed both Oreri and his wife.

Esomo: Ebinto mbire bitaroseke bibe; mbuya kobitiga buna bire

Lesson: Some situations are better off left as they are.

4. *Tangori ominto ngotiga geikaro, ntiga oreo ogotebwa gokwaimoka* (Nigo ere buya ntware oyominto, konachiire ocha gontebia amang'ana akwanetwe igoro yane):

It is good if I have a friend who, when I leave, informs me of what transpired.

Esomo: Abasani b'ekeene n'abaya.

Lesson: We all need realiable friends.

5. *Totacha mobisa bokendu nkoro* (Tobaisa gotacha omobisa ekero are n'obororo):

Be careful not to step on your enemy while coldness is on his heart.

Esomo: Sika omobisa oo; tomokorera echeche.

Lesson: Do not ridicule your enemy while he/she is still bitter. Respect your enemy.

Y

1. *Yachiete sagare, koirana nkeribe* (Eng'ombe yasagaretigwe bono yairanire k'eribete eriso): The cow that was lent out has now come back with one eye.

Esomo: Ebinto bigosabwa tibiri korendwa buya. Renda egento gwasumigwe.

Lesson: (Borrowed items are not properly cared for). Take care of what you have been lent.

2.9. Wealth and Poverty

Abagusii people address issues of wealth and poverty in their proverbs. Those who mind about others and share their wealth are blessed. Let us read the following proverb:

Ngakina motaka, motaka mwere, ngakerorwa n'Omwange monda, agankora monda okwagamwa.

I was poor but rich Omwange made me rich; I became one to be depended upon.

The proverb tells of a story of a man, who grew up poor, but a friend called Omwange assisted him to acquire wealth and now he has become a person who can be depended upon by others in the society. Abagusii believe in the sharing of wealth. Wealth should be taken care of so that it can help those who are poor or in need. In the proverb *Kari bike motigareri bainani* (Eat a little and spare some for those who have not come from the forest), guides us on the use of wealth: Don't extravagantly spend it, but spare it for those who are yet to be born (those in the forest.)

The Abagusii proverbs don't fall short of providing counsel to the wealthy people in the society. The proverbs warn against wealth, especially if used wrongly. Its accepted use is in helping the poor and the needy, without which it becomes a curse, or a disservice to the holder. The proverb *Moria mono tari isankwa* (A glutton has no skin), warns that too much wealth can turn out to be damaging. People are advised to focus on virtues such as love and kindness as opposed to focusing on wealth. In the proverb *Bonda mbwo'otarochi* (Wealth belongs to those who do not see it), we learn that wealth is best enjoyed by those who do not focus on it and therefore do not attach much importance to it. This is a warning to those who think wealth is everything one needs in life.

The proverbs in this chapter express the elusiveness of wealth. Today you can be rich, but when tomorrow comes, you find yourself poor. So one is advised not to depend on wealth as the ultimate indicator of happiness. In the proverb *Binto nganda, mogeni agocha ariera nyeni, mosuko emori yagonkire* (Wealth is erratic; on some occasions, when a calf has suckled all the milk, a visitor may be served with only vegetables); we learn that one may not be rich all the time in life, and therefore should not peg his security on wealth, but on the community whose people can provide support in times of need.

The proverbs also counsel the rich against wealth. The proverb *Bonda irarerio* (Wealth is deep sleep), warns those who are rich to be careful as their richness can be deceiving; their wealth can make them "go to sleep." In other words too much wealth may make them become less ambitious, and therefore stop working hard and setting no proper goals in their lives. The wealth may make them disregard people and despise them.

Now readers, allow me to introduce you to the following proverbs that will provide you with great wisdom on wealth, on the rich and well-privileged people, as well as provide you with insights into poverty and destitute individuals in the society:

A

1. *Abanda mbairokaine. Onchong'a agatama ekworo Kimaiga kayebwate* (Abanda imbairokaine, Onchong'a agatama ekworo ekero Kimaiga ayebwate):

The rich revere/fear one another as in the case of Onchong'a who fled on noticing Kimaiga's cloak. (Once there were two rich men who unknowingly met at the home of a beautiful girl, whom they both intended to woe. Onchong'a reported earlier. However, when Kimaiga also arrived for the same purpose, Onchonga, who was less wealthy, stealthily walked away without ado).

Esomo: Onde bwensi nabwate oyomobuete.

Lesson: There is a greater or lesser person for each one of us.

B

1. Binto mbi'ontigeire, n'ontigeire agatigera onde (Ebinto n'ebiontigareirie, na ontigareirie ocha otigera onde): Wealth is inherited from somebody, and the heir also leaves it to someone else.

Esomo: Renda ebinto obwate. Abana, abachokoro, n'ebichembene mbabiganie.

Lesson: Do not waste wealth; children and grandchildren will need it.

2. *Binto nganda, mogeni agocha ariera nyeni, mosuko emori yagonkire* (Ebinto n'echinganda, omogeni agocha oriera ching'eni ekero emori ekagonkete): Wealth is erratic; on some occasions, when a calf has suckled all the milk, a visitor may be served with vegetables only i.e. no milk or meat.

Esomo: Titogotwara binto/mari matuko onsi pi.

Lesson: No one stays rich forever. We should learn to live without certain luxuries.

3. *Bonda mbwo'otarochi (Obonda nobworia otarochi):* Wealth belongs to those who do not focus on it. (Wealth is best enjoyed by those who do not attach so much importance to it. This is a warning to those who think wealth is everything one needs in life).

Esomo: Titobaisa gotang'ania obonda totige obwanchani.

Lessson: Let us not put all our effort in trying to be rich. Other things like love, happiness, kindness and generosity also matter.

4. *Bonda irarerio* (Obonda nigo bokorarisereria omonto): Wealth is deep sleep.

Esomo: Obonda nigo bokogera kweba gokora omokia na gotwara chisemi. Rero nabo orabe n'enibo erwe asore mambia, nyarebe anyenyore.

Lesson: Wealth sends you to sleep. You cease to have ambitions, you stop to take risks, you stop to work hard in life. In such a sleep, you will wake up one day and find your wealth gone.

K

1. *Kari bike motigareri bainani* (Kari ebinto bike erinde motigerie abataraiborwa):

Eat a little and spare some for those who are in the forest (yet to be born).

Esomo: Renda enibo nobong'aini egere abagokiina nabataraiborwa bache koyeikera.

Lesson: Take care of your wealth so that those growing and those to be born will share it.

2. *Keero kia monda nkeganga* (Ekeero kia omonto omonda n'ekeganga): A rich man's offering/ payment is stingy. (Used where a rich person does not pay debts in time. Often, rich people tend to ignore small debts under the pretext that they are too busy)

Esomo: Gitokwenyara, tiga toakane chisira chiaito.

Lesson: When we are able, let us pay our debts.

3. *(Kong'a) eyekorwa nyuma etang'ane* (Ekong'a ere nyuma n'ero egocha yatang'ana):

The crane coming last will finally lead the race.

Esomo: Rero nabo orabe omonda, mambia ende obe omotaka.

Lesson: Today you can be rich tomorrow you become poor while someone else becomes rich.

M

1. *Moria mono tari isankwa* (Omonto okoria mono tari risankwa):

A glutton has no skin.

Esomo: Oyokoria mono tari korenta kieni kende. Obonda obonge tibori buya onye tibori gokonya onde.

Lesson: A glutton does not put on any beauty. Too much wealth could be damaging.

2. *Moigoto ntindo* (Omoigoto nigo onga ogotinda):

Too much luxurious life is equated to drunkenness. (When one is drunk, he becomes impaired and even inconsiderate to other people's needs. People who have wealth are not conscious of other people's problems).

Esomo: Tosiarera enibo ekero oyebwate.

Lesson: Don't be extravagant when rich.

N

1. *Nare koyaria, nanyora onde n'ere okoyaria* (Nare koyaria, nanyorire omonto onde n'ere okoyaria):

While eating this I found another person eating the same.

Esomo: Torora buna nigo ochandegete mono. Onde nare oranyore ochandegete mono gokobua.

Lesson: When destitute or in trouble, take heart; you might be better off than others.

2. *Ngakina motaka, motaka mwere, ngakerorwa n'Omwange monda, agankora monda okwagamwa* (Nigo nakinete kinde omotaka, korende Omwange orenge omonda akang'ameria obonda erinde nkaba omonto inkwagamwa):

I was poor but Omwange, the rich, made me rich; I became one to be depended upon.

Esomo: Omonto omotaka nabo agochabumba otenenka.

Lesson: A poor person can become rich, especially when supported by others. Let us support one another.

3. *Nariete egetange n'euma* (Nigo n'ariete egetange amo n'euma): I ate a railway track and the folk-jembe.

Esomo: Oko nogochandeka na komenya ase obotaka.

Lesson: Living in extreme poverty; hardship.

4. *Nyantacho teri mokamo* (Eng'ombe ekoruta chintacho nonya amabere tebwati):

A cow, which kicks, produces less milk.

Esomo: Oyotabwati kende nere okonyagoaka eriogi.

Lesson: It is the poor man who complains when requested for a donation.

R

1. *Rogoro ndwa ng'oi na biiri* (Rogoro /aare nigo ere y'eching'oi n'ebiiri): A foreign land is full of frustrations and looters. (Investments done in foreign lands may be lost or confisticated due to prejudice).

Esomo: Beka enibo yao boiborwa. Gosiria enibo obegete ense y'aare ndaisi.

Lesson: Investing in a foreign land is risky. Your wealth may be confiscated or lost.

T

1. *Timorora chigocha mochisekere, 'menuko chigosora* (Timorora chiombe chigotemwa gocha mochisekere, n'emenuko chigosora): Do not rejoice at the acquired wealth, because it has taken pain and death to acquire it. (Some people have gotten their wealth through dangerous means; they should be sympathised with rather than being cheered up.)

Esomo: Ebinto nigo bigotoka goetera gokora omokia.

Lesson: Hard work is needed for a successful life.

2.10. Habit, Behaviour & Character

In the Abagusii community, proverbs provide protection against people with bad habits, unbecoming behaviour and undesirable character. The proverbs condemn actions that can annoy, or disgrace others. This helps to promote and safeguard peace, unity, integration and harmony in the community. The proverb *Sese mbe teri bogeni* (A bad dog doesn't respect itself before its hosts), warns the members of the society to behave well in the public. Let us have a look at the following proverb:

Chimbwa maama rigia oroche (Chimbwa macha kwama, oroche ndoreo):

A good character must have a source whence it comes.

The proverb encourages the nurturing of good behaviour and character. It tells us that a good character or behaviour does not just happen; but has a source where it comes from. In other words, it must be as a result of good training and good nurturing. While promoting good habits, behaviour or character, the Abagusii proverbs condemn slanderers, proud people, arrogant individuals and gluttons. These are characters that bring shame and embarrassment to the community. The proverbs, in a nutshell, desire members of the Abagusii community to live and behave like Gisore, a young man in the proverb *Omomenyi oboko n'onga Gisore* (If you want to survive at your in-laws' place, be like Gisore). This proverb is actually a story of a young man called Gisore who lived at his in-laws' home because he was an orphan. He was very humble, good natured and industrious. Everyone liked him, loved him, and supported him because of his good nature. He even married and brought up a family and acquired property while at the in-laws' place. Eventually when he left for his home, everyone shed tears because they were going to miss him. Like him, people should be humble, honest and industrious.

However, as much as Abagusii people applauded good behaviour and aspired for a utopian society they were not without the understanding that it is impossible to have a perfect society where there is absence of blemish. Shortcoming, as evident in some proverbs, is enevitable. In the proverb *Esese maria bonyira, tari mosemia eborire, nabo eture igo* (The reason why a dog eats feaces is not that it has no advisor; it is because of its nature), indicates that some habits are hard to change, and hence cannot be eradicated, and therefore the community is advised to just tolerate them.

Now, readers, let me introduce you into the world of Abagusii wisdom, a world whereyou will learn their attitudes, habits, behaviour and character; as well as get to know what they like and don't like; what they hate and what they love; what they desire as a community and what they abhore.

A

1. *Amarwa ntabichu* (Amarwa namatabinchu):

Beer loosens the tongue.

Esomo: Amarwa n'amabe, nigo akogera gwateba obobisi, gose gwakwana amang'ana atari nsoni.

Lesson: Beer makes the drunkard speak obscene words and tell secrets.

2. *Arora bimoa rieta ndikirinya bangongo* (Rusia ebimoa erinde erieta riao ndikirinya ase orogongo):

Shed off your poor reputation so that you may be respected by the community.

Esomo: Renda erita riao; twara chimbwa chingiya.

Lesson: Mind your reputation.

B

1. *Bwari mang'ana nkemamani mbara nsise* (Obwari bw'amang'ana obonga ekemamani kegwatia chimbara): Words are like a wedge that splits hardwood.

   Esomo: Amang'ana amaya nigo abwate chinguru, akorongeyia.

   Lesson: Words are mighty when used correctly.

C

1. *Chimbwa maama, rigia oroche* (Chimbwa macha kwama, oroche ndoreo):

   A good character must have a source whence it comes.

   Esomo: Chimbwa nchibwate ase chikorwa; ensooko.

   Lesson: Character is nurtured.

E

1. *Esese maria bonyira, tari mosemia eborire, nabo eture igo* (Esese ekoria obonyira, tari omosemia eborire, nabo etongire igo): The reason why a dog eats feaces is not that it has no advisor; it is because of its nature.

   Esomo: Nakong'u goonchora omonto buna/eki are.

   Lesson: Some habits can not be changed; just tolerate them).

G

1. *Geutere giote, gekobamboka, gekobambokere (*Geutere giote, erinde gekobamboka gekobambokere*):* Make a fire and let something to warm itself; however once it is warm, it could turn against you.

Esomo: Kero kende, oria ogokonya nere ogocha ogokorera amabe. Nabo ogokonya omonto ochicha okwanga.

Lesson: (This refers to a person who has no thanks. You can love or help someone but later on, this person turns against you. The very people whom you help are the ones who work for your downfall.)

2. *Gokora ebinto chisese chiangete* (Ogokora ebinto chisese chiangete): Deeds abhorred by dogs (This refers to an extremely immoral act)

Esomo: Obokayayu n'egento kiobosoku.

Lesson: Adultery is shameful.

3. *Gosoka isiko ria'sanse* (Ogosoka risiko ria'sanse): To come out in broad daylight

Esomo: Abanto mbare bagokora amabe n'oboenenu.

Lesson: Some people do things with impunity.

K

1. *Kabe nyamoyo muya buna mobarera 'ngobo* (Kabe na omoyo omuya buna oria okobarera chingobo): Be as tolerant as the leather garment tailor (Making leather garments was a highly appreciated trade which required patience, skill, perseverance and determination. Such people were admired for their high tolerance. They never charged much because they feared they might lose their skills, which they believed were given to them by God)

Esomo: Kabe n'oboremereria

Lesson: Be patient

M

1. *Moria bobe tachi mambia iraranyia koyaenekirie bogworu bwanyene* (Omonya'nda mbe tari komanya ng'a mambia/ankio neche eike ekero agocha korwara ekero obwansu bw'endagera bwaerire):

A glutton doesn't know tomorrow will come when he will be sick after the sweetness of the food is over.

Esomo: Kari n'ekerengo.

Lessosn: Be temperate in your eating.

2. *Mwana marera taakiri* (Omwana macha korera igo taakiri):

A child who cries indicates that he has not been physically beaten.

Esomo: Omwana tabwenereti koebererigwa ekero agosire.

Lesson: A child needs proper discipline.

N

1. *Nyabinge mororere mwaye* (Omonto obwate ebinge, tiga omororere mwaye): The wealthy one; judge him/her at what he/she owns in his/her house.

Esomo: Oyo ogwetogia, kero kende tabwati.

Lesson: Those who talk big about themselves, often don't have.

O

1. *Omorogi ataragoita omogenki ogoitire* (Omorogi atarachia kogoita nabo okonyora omogenki ogoitire):

Before a witch kills you, the slanderer would have killed you.

Esomo: Bonsi n'ababe; onde tari orakwabere.

Lesson: Both the slanderer and a witch are evil. Neither will sympathise with you.

2. *Omomenyi oboko n'onga Gisore* (Omonto okomenya oboko noy'ogwete Gisore):

Be like Gisore if you want to live in peace at your in-law's place.

Esomo: Kabe omonto bwa masikani, onye koganetie komenya na abanto bonsi n'omerembe.

Lesson: Be well behaved, if you wish to be loved and respected.. (A story is told of a man called Gisore who decided to stay with his in-laws because he was an orphan. Because of his humility, honesty and industry, he was loved by the whole nighnourhood even though he was a foregner. He even married and brought up a family and acquired property while there. Eventually when he left for his home, everyone shed tears of regret.).

3. *Omogenki kiaramba ogotamia babere ko mbatato* (Omogenki iga anga buna ekiaramba ekere kegosebererekania abanto babere gose batato):

A slanderer is like a wasp; he causes two people, or more, to run in different directions.

Esomo: Omogenki nigo agwatanana abasani.

Lesson: A slanderer causes people to become enemies.

4. *Ona riogi tari na ing'ana* (Omonto ore n'eriogi tabwati ring'ana):

One making the loudest noise is harmless.

Esomo: Abagokwana mono mbari na matata.

Lesson: Don't be worried about those making the loudest noise.

S

1. *Saro ya mogoko teita ondaye yaitete Nyakiore oye* (Esaro ya omogoko teita omwana bw'enda yao buna yaitete omosacha oo, Nyakiore):

A mean woman neglected her husband. He died without being taken to hospital. When she did the same to her child, her neighbours protested.

> **Esomo:** Omonto omogoko nigo anchete chibesa kobua obogima. Takoigora esaro yaye ng'a n'obogima agokonya.
>
> **Lesson:** A mean person should be helped to make use of his/her wealth for a good cause.

2. *Sese mbe teri bogeni* (Esese embe teri gwesika ekero ere ase obogeni):

A bad dog doesn't respect itself before its hosts.

> **Amanga'ana Amanene:** Esike ekero ore ase abanto.
>
> **Lesson:** Behave well when in the public.

T

1. *Tangori ng'ombe yaito ebiare bwagi nangoromoni kabanchi baregana* (Tangori ng'ombe yaito ebiare omotienyi bw'ebwagi na yobw'engoromomi ekero abanchi bareganete):

I wish our cow gives birth to a calf during the month of June or July when there is famine and when visitors gate crash.

> **Esomo:** Omonto omuya noyokogokonya engaki y'emechando, n'obokong'u
>
> **Lesson:** A good person assists you in times of need.

2. *Totogia momura kieni motogie nkoro.* (Totogia omomura ekieni, omotogieenkoro):

Do not praise a man because of his appearance; praise him because of his heart/character.

Esomo: Ancha omonto ase chingencho chiaye; tari ase okororekana.

Lesson: Judge someone by his character, not appearance.

2.11 Truth and Justice

Abagusii are religious in nature. The community embraces democracy, truth, fairness and justice in their social life. Truth and justice are virtues that are applauded by the community, while the absence of them attracts admonition and curses. In the proverb *Eguto yaremera enyang'au* (An anti-bear digs a hole in which the hyena lives), we are told to embrace justice. In giving an example of a hyena who comes to live in a hole that has been dug by an anti-bear, the proverb intends to rebuke and condemn those who take advantage of the powerless members of society.

In the other proverb *Moguba keene nankio nankio kegotugora kee magoro abanachi ekina bataserete* (He who hides the truth will one day find that the truth has come out quite clearly and the elders will find it hard to solve it), tells us that truth cannot be hidden forever.

Now, readers, let me take you through our community, to learn through our proverbs how truth and justice was embraced. The wisdom therein, embodied in proverbs, as provided by experienced and aged individuals of society, is what bound us together as a people; a people with laws that promoted justice, truth, peace and order.

A

1. *Amaboa andinire kina itongo, amachia nochia* (chibesa nachio amaboa) (Chibonyi chiagerire nabuirwe ekina ase ekegambero ase baganetie amaaki):

Bribery is the cause of delay by the judges to conclude my case. I have gone there several times.

Esomo: Amaaki nigo agosaria ekina.

Lesson: Bribery interferes with justice.

E

1. *Eguto yaremera enyang'au* (Eguto nigo ekoremera enyang'au):

An anti-bear digs a hole, in which the hyena lives.

Esomo: Totige kounereria egetari egieito.

Lesson: Let us admonish oppression and embrace justice.

2. *Ensinyo ekona gotebwa neyetari n'abamura* (Ensinyo ekona gotebwa n'okoba etabwati abamura):

People talk contemptuously about a village that has no brave men.

Esomo: Ense etabwati abarwani (abamura) nigo egochaywa.

Lesson: A people without strong defence are usually despised.

K

1. *Keene sinda, amasareku sinda ekorokwa* (Ekeene nakio gekorokwa esinda. Esinda n'enyimbo entambe yare korenga amateng'o ekero abanto bare ase egesangio. Omonto omosareku noria okorooka esinda gose ekeene ekio):

Truth is the measure. Evil comes because people ignore the truth.

Esomo: Bwatia ekeene ase okonacha ebina, gose ase okogayana abanto.

Lesson: Use truth to make judgement in all issues of life.

M

1. *Monto tana gweata igumba* (Omonto tari gweata rigumba):

You cannot break your own boil.

Esomo: Monto tana kwenachera kina.

Lesson: One cannot judge himself.

2. *Moguba keene nankio nankio kegotugora kee magoro abanachi ekina bataserete* (Oyogotuba ekeene botaambe kaa nkemanyekane abanachi ekina basinywe gokegamba):

He who hides the truth will one day find that the truth has come out quite clearly and the elders will find it hard to solve it.

Esomo: Ekeene tigegotubwa engaki yonsi; goika omoerio oye obomaene bomanyekane.

Lesson: Truth cannot be hidden forever.

O

1. *Otakonacha kina n'akorere okoora* (Omonto otari konacha ekina nabo arakorere okorera/ebirero):

Failure to condemn wrong practice will cause you to wail.

Esomo: Ragereria omonto omobe. Takoegerera omwana ekero asarekire.

Lesson: Never hesitate to condemn evil in society. Failure to admonish a child can lead to his ruin.

2.12. Patience, Perseverance and Kindness

Abagusii proverbs are keen to promote virtues such as patience, perseverance, kindness, love, temperance, determination and responsibility. In the proverb *Eganyete tiyana kwoma* (It doesn't dry up no matter how long it waits) teaches us that one should not give up while waiting to be served. Patience does not wear off.

While the proverb *Boremereria nguru mbibo* (Perseverance is great strength) teaches us the virtue of perseverance. The proverb *Omokia osinya bokendu* (Perseverance triumphs over coldness) further educates us that perseverance triumphs over everything else and brings success.

While embracing attitudes that show high moral standards, the Abagusii proverbs condemn negative attitudes that are retrogressive, such as jealousy, uncontrolled desire, dishonesty, selfishness, arrogance and pride. The proverb *Kiao nkunyunyu, kiabande songora igoti* (When you have something to eat your hand goes into a fist, but when someone else has something to eat you stretch out your neck towards it) mocks selfishness and lack of sharing.

Let us now examine a number of Abagusii proverbs that shed light on positive attitudes and their benefits.

B

1. *Bakungu bakuura keoreri kia Moraa, keoreri nkeri mabere nyabarati yaitwa na mokuri otari mariganda, bagooncha bagotera mariga, "Nyabarati ebonyansi, nyabarati ebite, magena aroche akora kenyoro, banibi mbasoge botaka boiro borande enyakoira, bakoboria, "Ning'o moenori?" Yaya tiga nyabarati eiranane Mobegu koramera kwa abagaka.* (Eng'ombe ya Moraa nigo yare gokamwa amabere amange are gokonya ekenyoro.

Eng'ombe eye ekaragerigwa amagena na ebite bibekire ase egetambaa. Omoyeiti n'ere agacha korera isiko ria Moraa amo n'abakungu bande. Ase okorera kuaba bagateba ng'a abagaka baragererie omoiti oyo. Omonto nabo agokora eng'ana naende bwemotia ng'a tari ere orikorire ochaka kobarerisia.)

Among the women who came to comfort Moraa for her dead cow, was also the woman who killed it. Other women cried and requested elders to come and curse this woman for the death.

Esomo: Endamwamu n'embe; nigo egoita.

Lesson: Jealousy kills.

2. *Boko bogokuba nabwo bogocha bwaba* (Oboko boria bogokuba nabwo bogocha bwaba):

Marriage that delays, or is postponed, or meets opposition, is likely to be the most successful marriage.

Esomo: Oboko bokoira engaki, nabwo abairi bakomanyama buya. Enywomo yabwango bwango n'embe.

Lesson: A marriage proposal that stalls often ends in a successful marriage. Perseverance and patience is needed in any successful marriage.

3. *Boremereria nguru mbibo* (Oboremereria n'echinguru chimbibo/chinene):

Perseverance is great strength.

Esomo: Oboremereria n'echinguru.

Lesson: Perseverance is strength.

I

1. *Ibero ndiri bomo mogubi keiririato* (Ribero tiriri korenta bomo, nigo rikong'enta obosiani):

Envy strangles ululation.

Esomo: Ribero n'omobisa bwamagenderero.

Lesson: Envy is the enemy of success.

2. *Ira ng'ora buna ngoba ekoyia* (Ira ng'ora buna engoba ekona koyia):

Take your time like burning leather.

Esomo: Kabe omonto obwate oboremereria.

Lesson: Be patient. ((This is an encouragement to young persons not to hurry into marital responsibilities. True love waits).

E

1. *Eganyete tiyana kwoma.* (Ey'eganyete teri kwoma):

It doesn't dry up no matter how long it waits.

Esomo: Oboremereria nabwo bokogera amaya aba. Ganya, remerereria goika ekioganetie kebe.

Lesson: Patience pays (One should never give-up while waiting to be served. Patience does not wear someone off).

2. *Endamwamu yiogerere yetukere* (Endamwamu nyiogerere erinde yetukere):

Jeer at jealousy and it will hide itself.

Esomo: Endamwamu n'omobisa omonene omwanyabanto.

Lesson: Jealousy is an enemy of mankind.

3. *Enda n'etagachi.* (Enda nigo ere etagachi): A stomach is a vast field.

Esomo: Togoisanekia nda onyare, noragera boire. Ase igo kari boke.

Lesson: The stomach will never be permanently full even if you eat too much food at once. It will still need food from time to time. Therefore, eat enough at a time. Observe temperance.

K

1. *Kabe nyamoyo muya buna mobarera ngobo (Kabe na omoyo omuya buna omobarera chingobo):* Be as tolerant as the leathergarment tailor. (Making a leather garment was a highly appreciated trade, which required patience, skill, perseverance and determination. Such people were admired for their high tolerance. They never charged much because they feared they might lose their skill, which was believed to have come from God).

Esomo: Kabe omonto obwate oboremereria na ore n'omokia.

Lesson: Have patience, perseverance, and determination.

2. *Kiao nkunyunyu, kiabande songora igoti* (Ekiao nigo ogokeria kore ngunyunyu, korende ekiabande gwasongora rigoti): When you have something to eat your hand goes into a fist, but when someone else has something to eat you stretch out your neck towards it.

Esomo: Obong'iti n'obobe.

Lesson: Selfishness. (Mean/selfish people are not open to sharing what they have, but desire to share what others possess).

M

1. *Moba matigana matiga maansa* (Timoba ekero mogotigana, motiganere maansa):

Don't be like those who, when they part ways, abandon their responsibilities.

Esomo: Ikerania eira yao.

Lesson: Fulfill your promise.

2. *Mogoroba yang'aina ankio* (Emogoroba nigo ekong'aina aankio): Evening deceives tomorrow.

Esomo: Obo n'oborimo. Ankio ya omonyaborimo teri goika.

Lesson: A lie. Tommorow never comes. (A bad debtor gives false promises that he will pay his debt, which he doesn't).

3. *Mosanera biabande n'ase ki atancha esembe yonde erabe!* (Oria ogosanera ebiabande, inki gekogera atatageti ensembe y'oyonde erabe!) {Esembe n'amasabo aria yebikorominyo ebike are korusigwa nyancha. Naro omoragori are gokorera emeremo, ekero akoruta yare kworokia gose n'ebisio yakoa gose yaya}.

Do not feel jalousy against your brother's fortune. Let him be prosperous.

Esomo: Tororera oyomino ribero. Ribero nigo rigosaria amagenderero.

Lesson: Jealousy destroys development.

N

1. *Ntone ng'ora kogicha ontone buya* (Ontone ng'ora, korende ontone buya): Decorate me slowly, but, do it well.

Esomo: Kora egento ng'ora korende kebe ekiya, kebwenere.

Lesson: Be patient and do something well.

O

1. *Obote morindo amate akwemincha* (Obote nigo bore omorindo na nigo bokogera amate asiaroka):

Appetite is a strong wave; it causes saliva to spurt out.

Esomo: Obote/esono nechinguru chimbe; borende.

Lesson: Take control of your desire/lust.

2. *Omokia osinya bokendu* (omokia nigo obuete obokendu):

Perseverance triumphs over coldness.

Esomo: Omokia nigo okobua kende gionsi; erinde orenta obuya.

Lesson: Perseverance brings success.

R

1. *Risimba ria magona mabe riegosia mbeba koria* (Egesimba ekenene gekogona bobe nigo gekogera chimbeba chiegosa erio tikegochiikera gechirie): The wild cat that snores loudly will scare away rats and miss his meal. (A reference to a noisy, thankless person who is shunned in the process.)

Esomo: Ogokwana okobe nabo gogotanga ebisio. Ebinto mbia ng'ora nsagasaga bikwanga.

Lesson: Be patient. Also do not blow your trumpet early before you succeed in doing something.

T

1. *Tata na baba n'abaya n'ebinto bikobora* (Tata amo na'baba nigo bare abaya, ebinto bikobora tokobaa):

Father and mother are both good; it is only that we don't have enough to give them.

Esomo: Obo n'obwanchani ase abaibori.

Lesson: This is a show of love to parents.

2. *Toita iso, mambia mbokie onyuome. (Toita iso, ekiagera mambia nabo bogokia erinde onyuome):* (Omomura oyomo agaita ise okoba amotebetie araganya ake, erio anyuome engaki ere bosio. Agasiria ise na gosiria enyuomo)

Do not kill your father, tomorrow shall come and you will marry. (A story is told of a youngman who killed his father because he (the father) postponed his wedding date. He ended up missing both the father and the pride).

Esomo:. Kabe n'oboremereria. Okoganya tikori goita.

Lesson: The proverb teaches the importance of patience.

3. *Tibwatorera nyoni maiga* (Tobaisa gwatorera enyoni amaiiga):

Don't discuss at the fireplace about the bird you are going to hunt.

Esomo: Totiana maseta, tiana masetoka.

Lesson: Be proud of your achievement when you have attained it; not when before.

2.13. Temperance

Temperance is the practice of controlling one's behaviour, acts, deeds, drinking

and eating so that the amount or degree is reasonable. The proverbs from the

Abagusii community educate people on temperance. Temperance, according

to the Abagusii people, is a virtue that needs to be embraced in all activities,

actions and deeds. The proverb *Kai okoria okobeka, k'enda yabeire eng'ara*

(Where does all the food you eat go? Your stomach is sunken and sagging), is a remark made towards a very thin skinny person who eats a lot. The proverb is condemning too much eating and encouraging on moderate eating.

Those who drink a lot of liquor are also advised to observe temperance. In the proverb, *Marwa aya mamuma, akagera ngaita ominto, ngacha gweitia ankio, k'omomera orwa omotwe* (Liquor is cursed, it made me kill my brother, only to regret it the following day when sober,) too much liquor is seen as a destroyer. Those who drink are advised to observe temperance.

Now, readers, let us drink from the overflowing wisdom contained in the Abagsuii proverbs concerning temperance.

K

1. *Kai okoria okobeka, k'enda yabeire eng'ara (Ng'ayi okoria kwabeka, ekiagera enda yao eere eng'ara?):* Where does all the food you eat go? Your stomach is sunken and sagging. (A remark made towards a very thin skinny person who eats a lot.)

Esomo: Kari endagera n'ekerengo.

Lesson: Eat moderately.

2. *Kari kegesi otige riso (Kari ekegesi otige eriso)* {Ragera buna omomura otaranyuoma otigarie eriso}

Eat little so as to retain an eye. (Eat like a bachelor so that you remain alert)

Esomo: Kari bike; naende mambia noganie koragera. Baria bakonywa amarwa, kanywe otigari amaiso okororera gochi nka.

Lesson: Spend, but spare some for tomorrow. (Drunkards should not drink too much until they lose their eyesight.)

M

1. *Marwa aya mamuma, akagera ngaita ominto, ngacha gweitia ankio, k'omomera orwa omotwe* (Amarwa aya na mamuma, nigo agerete ingaita oy'ominto, erinde ngacha gweitia ankio ekero omomera orure omotwe): Liquor is cursed, it made me kill my brother, only to regret it the following day when sober.

Esomo: Amarwa nabo aragere okore ebinto ebibe; kanywe make.

Lesson: Liquor influences one to do things that he regrets later. Control your drinking.

2. *Mori bobe tachi mambia iraranyia koyaenekirie bogworu bwanyene* (Omoria endagera bobe tari komanya buna mambia bogokia enda eramoonchokere ekero obwansu bwaerire): A glutton does not know that he will have stomach upset the following day, and will lie down complaining of the aftermaths of yesterday's bad eating.

Esomo: Ragera n'ekerengo.

Lesson: Eat temperately.

N

1. *Ninki esese yariete egakora bigoti?* (Gento ki esese yariete ekanoria ebigoti?):

What kind of food did the dog eat to grow a fat neck?

Esomo: Kari kende gionsi kwanyora. Togania ebinge, ebitoto.

Lesson: Eat what is available and be contended with it; don't demand luxurious food.

2. *Ntindo ya bokima teng'ana ntindo ya marwa* (Ogotinda kw'obokima tikoreng'aini ogotinda kw'amarwa): Being drunk with ugali is not the same as being drunk with liquor.

Esomo: Oyogotinda na obokima oyio n'omoriri. Kari boke.

Lesson: One drunk with food is a fool. Eat temperately.

O

1. *Omonwa oriete obori, noro naende okoboria ninki ndabusure?* (Omonwa oriete obori naende noro okoboria ng'ayi nkorusia obori bonde imbusure?): The mouth that ate wimbi (finger millet seeds) is the same one asking, "where do I get seeds to plant?"

   Esomo: Tokoria gwakora, gwatigaria geke.

   Lesson: Do not consume everything; spare some for tomorrow.

2.14. Talent

The Abagusii community encourages diverse thinking, opinions and use of various talents in the running of the communal society. There exist proverbs that remind people about their potential. The proverb *Nguru chia momura nchogu egwati mbara* (A young man's strength is like an elephant splitting firewood), tells us to encourage young people in using their strengths, talents and ideas to build the community.

Let us read the following proverbs that teach us about the wisdom of tapping talents in the community for better and varied living.

N

1. *Nguru chia momura nchogu egwatia mbara* (Chinguru chi'omomura nigo chinga enchogu egwatia chimbaara): A young man's strength is like an elephant splitting firewood.

   Esomo: Tosemie abamura ng'aki babwenerete korenda chinguru chiabo, tibachikorera ebinto bitabwenereti.

   Lesson: Let us guide the young people in using their strength, talents and ideas in doing useful activities.

2. *Nyeni chimo mwami nda* (Chinyeni echimo nigo chikwamia enda):

One type of vegetable tires the stomach.

Esomo: Titogokora egento ekemo boiire, twaonchoreria. Titotwara ebirengererio ebimo. Tiga kera omonto orenta ebiaye twakonyana.

Lesson: Doing one activity all the time is tiring, let us have variety. Encourage diverse thinking, opinions and use of different talents. (cf. Change is as good as a rest).

O

1: *Oeta bokano arigie mabiria aore bange* (Oyokobugia obokano tiga bono aorokererie abange):

He who plays the harp should train others to play that harp.

Esomo: Egeria abanto bamanye gokora aaria ogokora.

Lesson: Your talent/skill should be passed on to others.

2.15. Leadership

Those who became leaders in the Abagusii community were people of integrity, experience, skill and of high morals. Once in the leadership position one needed to work with justice, fairness and truth. Proverbs in this chapter educate leaders and the members of the community on virtues leaders need to embody in order to be successful, as wee as benefit the community. Objectivity and fairness are needed, as some of the proverbs will indicate. Arrogance, nepotism and favouritism are characteristics that don't augur well with community leadership.

The proverb *Borai mboora nguru, boe kiige na bori bwomo* (Leadership is energy-consuming; therefore give it to experienced people), tells us to give leadership to people who have experience. While the proverb *Mwetogosi borai chimboora monwa chiabotenya* (An arrogant leader is destroyed by the words that proceed from his mouth), educates the leaders, and therefore the people, that arrogance is a stumbling block to good and effective leadership.

Readers, let us now read the following proverbs and learn the qualities of a leader as seen from the Abagusii perspective:

B

1. *Borai mboora nguru, boe kiige bori bwomo* (Oborai nigo bokoira chinguru ase igo boe oyomanyete buna ekige kemanyete obori obwomo):

Leadership is energy-consuming; therefore give it to experienced people.

Esomo: Chora abanto bare n'obomanyi ase oborai.

Lesson: Those who occupy leadership positions must be people with experience.

2. *Borai mbori ikora bwancheire keribe* (Oborai obuya n'oboria botari kouba, boria bobwate ekerenga):

Good leadership is that which is capable of implementing projects; overcomes stumbling blocks.

Esomo: Abarai abaya mbaria bakogera ebinto biaba.

Lesson: Good leaders are those who effectively implement their plans.

E

1. *Ensara noita ogesarara, kerenga tosukwana bwango nkamati* (Ensara egoita omobisa goika erengwe na korutwa bwango):

An arrow in the hand will kill an enemy in the bush, if only it will be combined with accurate aiming and quick action.

Esomo: Ekerenga na obwango mbiganeirie ase ogokora ebinto.

Lesson: Discharge your duties accurately and on time.

G

1. *Gokonacha omoragia, onyora kwarengereirie* (Ekero okonacha omoragia tiga ebe ng'a kwarengereirie): Before you decide to take over from a soloist in order to also lead a song, think first.

   Esomo: Onye kore omogambi kwararengereria ritang'ani otaranacha ekina.

   Lesson: If you are a leader, think before you act (or make judgement).

(This is an advice to those who aspire to become leaders to first acquire the necessary skills

K

1. *Kang'o 'morwoti ki otana 'bainyiambi? (Ing'orokie omorwoti otabwati abainyiambi):* Show me a king without buffoons? (This refers to sycomphants around the King who claim responsibility for his faults including his fouls).

   Esomo: Tiga tomanye ng'a Omorwoti nabwate abanto bamoetanaine, bakonakomotogia, ekiagera bakoragera korwa ase are.

   Lesson: Good to understand that a King will always have sycophants around him who benefit from him.

2. *Kina kia 'mworo kiagamba 'miaka ebere mechinini ekagwa 'nse* (Ekina kia omonto omworo nigo gekogamba emiaka ebere emetienyi yaera)

A lazy man's case drags on for years and months (The lawsuit of a fool never comes to an end. This is because he/she has no influence in the society).

Esomo: Ogoiserwa n'okobe. Omotaka tari gotegererwa; nigo akounererigwa.

Lesson: Lack of influence is a disadvantage in society.

M

1. *Mogambi Gitogo 'mori nyanya* (Omogambi Gitogo nigo chimori chikonyanya):

While solving the issue on Gitogo hill, calves have ravaged other people's farms. (This refers to leaders who concentrate on trivial issues while important ones are left unattended. This is derived from the story told about Gitogo, a hill in Nyaribari Chache, which was frequently torched by people during dry seasons. Elders sat long hours finding the arsonist while little time was spared for bigger and important issues.)

Esomo: Abagambi batige kogamba ebina bitaisaini; bagambe ebina bienching'encho.

Lesson: This is an advice to leaders to concentrate on important issues.

2. *Mwetogosi borai chimboora monwa chiabotenya* (Omorai omwerori na amang'ana aye akomokoora):

An arrogant leader is destroyed by words that proceed from his mouth.

Esomo: Obwerori nigo bogosari oborai

Lesson: Leadership is destroyed by arrogance.

N

1. *Nanga inani morai okoira banto machia akerenga* (Omorai omuya nigo anga rinani ase abanto bagochi erinde banya korengia chinsara, erinde bamanya ekerenga):

A leader, like a forest, accommodates many trees (everyone). Such a leader can lead people towards their goal.

> **Esomo:** Omorai nigo agwenerete komugaania abanto akoraa. Abange baria bakoraagwa nigo bare abooba, igo goika enkoro y'omorai ebamuganie.

> **Lesson:** A leader must have a large heart as he leads people of various perceptions. That way he will lead them to accomplish what is required.

O

1. *Omorai oria boeto* (Omorai nigo akoria boeto):

The challenge to a leader is to "find the way"

> **Esomo:** Omorai nigo akorigia enchera.

> **Lesson:** A leader finds the way.

T

1. *Timotuguta egutwa amaentenyi naiborwe* (Timotuguta egutwa y'obogambi ekiagera amaentenyi nache aiborwe):

Don't throw away the crown; leaders are yet to be born.

> **Esomo:** Kabe nechimbwa chingiya ekero ore omorai egere abana bao bache koba abarai bosio.

> **Lesson:** One should do well as a leader so that when his children grow up they too can be made leaders.

2. *Toseka morai osinye ibega* (Tobaisa gosekerera omorai kobekire ang'e nere):

Don't laugh at the leader when you work closely with him, lest people will not entrust you with such a leadership.

Esomo: Orokia amasikani ase abarai/abanene bao.
Lesson: Respect your superiors..

2.16. Caution

The proverbs in this Section are in a form of warning. They caution members of the Abagusii society against wrong doing. The proverbs warn people to avoid taking risks that will plunge them into problems. In the proverb *Boterere mbori momura* (A slippery ground defies even strong men) we are warned against pride, or thinking that one knows everything. The proverb indicates that we all have weaknesses, shortcomings and deficiencies and therefore are not perfect. In addition, in the proverb *Nyama nke yakora bokima kee* (A small piece of meat can finish a big ugali in *ekee),* we are cautioned against despising anyone, no matter how small, young, disabled, or disadvanged. This is because the one you despise might turn out to be better, stronger, superior, or more intelligent than you, as in the Biblical case of David and Goliath. The proverb *Getutu nkere maiso* (The bush has eyes), we are cautioned not to do something wrong, thinking we can't be discovered. The bush has eyes, and therefore whatever we do behind it will be unveiled.

Now readers, you seekers of knowledge and lovers of wisdom, allow me to take you with me in my exploration of the Abagusii proverbs, in which wisdom has been imparted in the form of caution.

A

1. *Abarami ikubu riateka* (Abanto bakorama abande nigo bare rigena rikubu riatekire):

People with abusive language are a rotten egg that has got broken (They disgust others).

Esomo: Okorama n'okobe nigo kogosaria ebirengererio.

Lesson: Abusive language spoils people's minds/moods.

B

1. *Bamanya kerumbe mbateganda kerumbe* (Komanyete ekerumbe ingocha kere totenya ekero giekerumbe):

Those who know the cold season is coming should not gather firewood in the cold season.

Esomo: Kora egento ekero chingaki chigwenerete.

Lesson: Do something at the right time.

2. *Banto mbamaiso mioyo etamanyaini* (Abanto na abamaiso, n'emioyo etamanyaini):

We know people by looking, we don't know their hearts.

Esomo: Tokwegena abanto moono; tokomanya buna bakoigwerete, tokomanya ekere ase chinkoro chiabo..

Lesson: Don't trust people; you don't know their hearts, or their feelings.

3. *Bororo bwaita otatenene tureti* (Obororo nigo bogoita egera twatenenigwa ase ekegambero gitore n'obosoku):

A bad temper kills and this embarrasses you when asked to stand before the council of elders.

Esomo: Gambera obororo bwao.

Lesson: Control your temper.

4. *Bororo mboturagia tiga bokube* (Obororo tibobaisa goturagia, korende botigwe bokube):

Anger is capable of hatching; don't let it hatch.

Esomo: Renda enkoro yao ekero ere n'obororo.

Lesson: Control your temper.

5. *Boterere mbori momura* (Oboterere tibori omomura)

A slippery ground defies even strong men.

Esomo: Onde taiyo onyarete/omanyete bionsi. Nabo okorora buna n'omanyete, korende ayande nare otamanyeti; orachie koborigwa agosinye.

Lesson: One cannot know everything.

C

1. *Chiare kondia chiakoria* (Echi chiare kondia, chiakoria):

They were to eat me; instead they ate you.

Esomo: Ndire omonto araganerie oyomwabo amabe korende amabe ayio takomonyora; amoonchokera ere omonyene.

Lesson: One wishing trouble for another may himself get into trouble.

E

1. *Egiasireire nchera rogoro kerigerie nchera maate* (Egento giasireire enchera ere rogoro rirorio kerigerie ase enchera ya maate):

Whatever has got lost along the upper path; if you cannot find it, then look for it along the lower one.

Esomo: Amang'ana yaunenkie tonyamunyokera nabo aragosinye. Rigia richibu rinde onye erire ritang'ani ndinyareti/tirisanegetie.

Lesson: Investigate an issue; don't hurry in making

conclusions; you can make mistakes. Do not be confined to only one course of action; always find an alternative.

2. *Eki ogosimeka nakio okogesa* (Egento keria ogosimeka naende nakio okogesa):

What you plant is what you harvest.

Esomo: Kora omokia onyore eng'eria yao. Boigo egosemia abanto tibakoegerera ayare amabe.

Lesson: Work hard. Also don't support evil actions.

3. *Eng'era entindi nero ekogonchwa chinguba.*

It is the fierce buffalo that is killed to make shields.

Esomo: Ogweetang'anania nigo okoumera obokong'u

Lesson: Being in the frontline in a protest can put you in trouble.

4. *Eng'ombe yabande maragoba egoosia* (Eng'ombe ere eyabande nigo egoosia maragoba):

A borrowed cow stops giving milk in the evening.

Esomo: Ekero kwanyorire egento korwa isiko gose korwa ase omoamate nigo arakioyie engaki ende yonsi.

Lesson: Something borrowed is not yours and the owner can come to take it away any time.

5. *Enguba y'esegi teri getambaa* (Enguba ekorwanerwa ase esegi teri getambaa):

A sheet is not a shield for the battle.

Esomo: Eariganie buya ekero okoumera ring'ana rikong'u.

Lesson: Be well prepared.

G

1. *Getutu nkere maiso* (Egetutu nkebwate amaiso):

The bush has eyes.

Esomo: Nokora egento bobisi nabo okomanyekana.

Lesson: You can't do wrong and escape it. You will be discovered.

2. *Giakoboko ke monwa are* (Ekere koboko nigo kere are korwa ase omonwa)

What is in the hand is far from the mouth.

Esomo: Otarakeroma togoteba gwakerire. Takobara keria otarakora.

Lesson: Don't count on what you have not achieved.

3. *Gokonacha omoragia onyora kwarengereirie* (Ekero okonacha omoragia tiga ebe ng'a kwarengereirie):

Before you decide to take over from a soloist in order to also lead a song, think first.

Esomo: Tobaisa gwesoyia koiraneria/gokwana otararengereria.

Lesson: Don't speak before you have thought about it.

4. *Gotiana mono nkoagorera mbori mato* (Ogotiana mono nabo konga okwagorera chimbori amato):

Talking/swearing too much is like plucking leaves off trees for the goats to eat (Action speaks louder than words).

Esomo: Omonto ogokwana mono tana gokora.

Lesson: Someone who talks too much does litlle.

K

1. *Kegocha ngiati nsiongo* (Ekegocha nabo kegwata ensiongo):

A trip up or a small obstruction breaks the water pot.

Esomo: Takogamba abanto; nigo mokobaita emioyo.

Lesson: This is a caution to people to stop gossiping and back-biting others; this affects those gossiped about.

M

1. *Moirana matongo makoro kegocha, tente etometi natache tairana* (Oyore okoirana amatongo amakoro, ayio are ekegocha, naende anga buna etente, nabo arabe tairana):

He who returns to his former dangerous ground will go and perhaps never return.

Esomo: Toirana gochia bobisa.

Lesson: Don't return to the enemy's camp.

2. *Motakireti mechando neranda nkerere kiamorakera* (Ekero motakireti emechando necha nabo enga ekemeri ki'omorakera) (Ekero obokong'u bwachire mbogwenerete gokwanerwa. Ekemeri ekerere nigo gekwoma ekero omorakera ochire. Naboigo obokong'u ebokoera ekero bogokwanwa):

If you discuss a problem, however big, it will be solved. The problem becomes like a young seedling, which dries up when the dry season comes.

Esomo: Teri buya gokira ekero obokong'u bwachire. Obokung'u bokogambwa nigo bokonyorerwa richibu.

Lesson: Never be silent about a problem. A problem discussed is often a problem solved.

N

1. *Nakwete boiro nkarokwa makengo anda tikengiri eng'ombe yaito makengo, endumora Misati, ekarumora Misati konye getegandire* (Nigo nakwete boiro gekaba n'amakengo nakengwa, korende tinakengire, ne'ng'ombe yaito yarenge amakengo yagerete Misati akerumora konyora getegandire/kareire):

Misati lacked milk and because of that he became ill and people said that he had been bewitched. Misati, later on found out that he had been bewitched by his own cow for it had stopped giving out milk. This milk caused Misati to be healthy when he had been emaciated.

Esomo: Manya buya omochakano bwering'ana, erio okong'acha nkoba aroro.

Lesson: Establish the true source of the problem before you start suspecting anybody.

2. *Nyama nke yakora bokima kee* (Enyama enke nigo egokora obokima ekee):

A small piece of meat can finish a big ugali in *ekee* (plate made of wimbi straws).

Esomo: Tochaya monto ng'a ere kende tikeiyo aragokorere naba omoke.

Lesson: Don't despise anyone, no matter how small, young or disabled.

O

1. *Okemanyire ntamotebetie, banto mbaonchoki nda eonchoka tangi bako tangi* (Omanyire egento ntamotebetie, ekio kiagerire aonchokire buna enda egoonchoka ase endagera engeni):

He has learnt something by himself, which I should have helped him learn; he's now upset like a stomach that has received strange food.

Esomo: Takobisa omosani amang'ana aramokonye.

Lesson: Don't withhold information which can benefit a friend.

2. *Omonwa osareria okogoro* (Omonwa nigo ogosareria okogoro):

The mouth brings trouble to the leg.

> **Esomo:** Rengereria otarakwana.
>
> **Lesson:** Think before you speak.

3. *Omonywa amarwa motarie nda* (Omonto okonywa amarwa motarie ase enda yaye):

He who drinks -- take him for a tour into his own stomach.

> **Esomo:** Amarwa nigo agosaria omobere.
>
> **Lesson:** Drinking is harmful; it destroys the body.

4. *Omweanyi igeri moritacha* (Omonto omwerori ne rigeri (omote bwamagwa); timoritacha):

A proud person is like a thistle; don't step on him.

> **Esomo:** Takona koengererania n'omonto omwerori.
>
> **Lesson:** Avoid proud people. Don't argue with a fool.

5. *Otaenoiire Saonya, bakiri, mbakire Saonya osianyire keonu* (Otamoenoreti Saonya, abanto mbache gokira ekero anyorire ekeonu):

He who does not advice Saonya in his mistakes, will get self-blame when Saonya gets himself into great trouble.

> **Esomo:** Semia/konya omonto atarasoa as'obokong'u.
>
> **Lesson:** Advice someone before it is too late.

6. *Oyomino n'oyomino ekero kwanyorire emechando* (Omonto omino nabo agotigara koba oyomino nonya n'ekero kwanyorire emechando):

Your kin is your kin even when trouble comes.

Esomo: Oyomino n'ere oragokonye ekero kwanyorire obokong'u.

Lesson: It is your kin who can assist in times of need.

R

1. *Richarareta riaikire Bosoba naitimo ikere* (Omonto ore richara oikire Bosoba kare n'eritimo ase rikere):

The fool has arrived at Bosoba with a spear on his ribs.

Esomo: Omonto otamanyeti egento agokora nigo akonyagoetanana aaria naaria nyuma yaye onyora emechando.

Lesson: A stupid person with no purpose, or something to keep him busy, wanders everywhere and lastly falls into trouble.

T

1. *Tente etometi mweba orayetache* (Etente etaroma n'oria bwebire nere orayetache):

A swamp is treacherous; only those who have forgotten (are unaware of it) will walk on it.

Esomo: Totara gochia ase emechando.

Lesson: Never go to a place of danger.

2. *Timoita 'gesimba gioka, ita na 'ngoko nero; 'nki yachiete korigia 'nani gati?* (Timoita egesimba gioka, mwaita na engoko nero, ninki yachiete korigia rinani gati?) Do not only admonish the jackal, but admonish the hen as well for wandering into the forest.

Esomo: Renda chitaro chiano, timogwesoyia emechando ime; timweira ase omobisa.

Lesson: Take care, so as to avoid straying into enemy territory.

3. *Tosanera mokamomura otaramorora* (Tobaisa gosanera omosubati omomura oo agocha konywoma ekero otaramorora):

Don't praise a daughter-in-law when you have not seen her.

Esomo: Tobaisa gotogia kende gionsi otarerorera.

Lesson: Don't praise something you don't know.

4. *Totiana maseta, tiana masetoka* (Totiana gokogenda goseta, tiana ekero kwairanire):

Do not swear when going, swear when returning (Play champion after success, not before).

Esomo: Tibwetogia ekero egento getaraikerana.

Lesson: Do not pride in what you have not yet achieved.

Y

1. *Yare gosori yabeire mariga* (Yarenge egosori bono yabeire amariga):

A trivial issue ends making one cry.

Esomo: Tochaya gento otaramanya chinguru/obuya bwaye, nobaisa konyora obokong'u.

Lesson: You despise something at first; you realize its importance when too late.

2.17. Old Age

Bogotu bwatenya nko na nguru, ndwari mbagori na mbogori yatoora nda, nda yanga mete anchogu nga iroba yasanera (Old age gathers firewood (an old person wants fire all the time) and strength (the fire gives him strength); a given disease breaks out in her/his stomach. She/he is given herbs. The stomach rejects medicine and desires death.)

The above proverb best provides an adequate description

of an old person, her/his fears and hopes. He/she is aware of his/her vulnerability to both diseases and the environment. Owing to his advanced age, herbs may not be effective and he will eventually die.

The old person yawns for youthhood, which she/he knows she/he can't regain. In the proverb *Obogotu ngesanko, ngokina kore okuya, tangori ng'irane bwana* (Old age is a crust - always needs firewood for a warm hurt- growing up is the good time; I just wish I become young again), she/he wishes she/he could regain youthhood and be young again. He/she realizes she/he cannot unwind the clock and retrieve youthhood, so she/he captures her/his reminiscences in the proverb.

Knowing they are vulnerable, old people cry out to be supported by their children, grand children, neighbours and relatives. Those who give a hand are praised and blessed to live longer lives. In the proverb *Barande buna murwa monto narenge onyang'au* (Let those young boys grow and spread like grass for I would have been eaten by hyenas), an old man is blessing young people who had assisted him when he was sick and could not walk.

Owing to their vast experiences in life, the old people are supposed to be respected. A good number of proverbs that call for respect for old people are listed and explained in this section.

Now, seekers of wisdom and lovers of knowledge, let us explore the wisdom of the Abagusii people regarding old people as packaged in the following proverbs:

B

1. *Barande buna murwa monto narenge onyang'au* (Abana abwo barande buna emurwa ekiagera bankonyete nare gocha koriegwa ne'chinyang'au):

Let those young boys grow and spread like grass for I would have been eaten by hyenas. (This is an old man blessing young people who had assisted him when he was sick and could not walk.)

Esomo: Rorera abagotu na abarwaireamabera, obakoonye.

Lesson: Help the sick and the old.

2. *Bogotu, banibe semi, otaamboke getumo* (Abanto abagotu nigo bakoborigwa chisemi erinde chiagera chiatambokia abanto obokong'u):

Seek wisdom from the elderly and you will go over hurdles, beyond the fence.

Esomo: Ancha gosemigwa na abakoro.

Lesson: Accept advice from the elderly; it will enable you overcome obstacles.

3. *Bogotu bwatenya nko na nguru, ndwari mbagori na mbogori yatoora nda, nda yanga mete anchogu nga iroba yasanera* (Obogotu nigo bogotenya chinko amo ne'chinguru; endwari nigo ekobagora yatoora ime y'enda, naende yanga emete y'enchogu yagania gokwa):

Old age gathers firewood (an old person wants fire all the time) and strength (the fire gives him strength); a given disease breaks out in the stomach. He is given herbs. The stomach rejects medicine and desires death.

Esomo: Chinguru nigo chikoera amatuko y'obogotu.

Lesson: Strength fails in old age.

4. *Bong'aini mokoronto aroche maisaransa, mosae takoborora natenena.* (Obong'aini boria mokoronto akorora/aroche, omosae takoborora nonya n'ekero ateneine): What an old man sees while seated, a young man can't see when standing up.

Esomo: Tosike abanto abanene okoba obong'aini bwabo.

Lesson: The old people are wiser and with more experience than the youth. Let us respect them.

5. *Bogotu tibori gokura* (obogotu tibori gokura): Old age does not come screaming.

Esomo: Nigo okwenyora kwagotire.

Lesson: Old age comes without warning.

G

1. *Gesio 'nkia moba na 'masinga (Egesio ne kia amoba na amasinga):* Blessings for both bigger and smaller mushrooms. (This refers to a blessing pronounced by an elder to a young person because of the assistance he has provided him).

Esomo: Tokorere abagotu buya erinde batosesenie.

Lesson: Let us be kind to old people so as to get their blessings.

K

1. *Kina buya tokaga mbinde tokoria* (Okine buya erinde oche komanya buna tari kende kegeni tokoria):

Grow up well and later you will discover that we are not eating anything special.

Esomo: Eke nekiare egeke kegochaya ekenene giakaga nga'a kerokio ngekogota.

Lesson: Don't despite the old people; you will also be old one day.

M

1. *Magokoro nsaro maya bantina bagwa boreba* (Magokoro nigo are esaro ere n'amaya, abatino nabwo baragwe boreba):

My grandmother is a purse containing good things. Those who turn a deaf ear fall into the trap.

Esomo: Tochaya abanto abanene ekero bakorwa obosemia.

Lesson: Don't despise the counsel of the elderly.

2. *Masikani tari kogorwa besa (Amasikani tari kogorwa chibesa):*

Respect is not bought with money.

Esomo: Sika baria bakobuete emiaka.

Lesson: Respect those older than you.

3. *Monto monene ndiogo* (Omonto omonene n'eriogo):

An old person is medicine.

Esomo: Mang'ana tagosareka ase abanto abanene bare.

Lesson: Things hardly go wrong where elders are.

N

1. *Nare komenya ndore bigori chitana (chinsingo) nchiborwa moenori otari mosunte.*

(Oyo n'omogaka ogokwana ng'a aise komenya amatuko amange nigo arabe okona gosemia abanto, erio chinsingo nchiborwa omonto okobasemia):

If I live longer I could be an advisor, so that people cannot lack enlightenment.

Esomo: Kabe omonto okorwa obosemia obuya.

Lesson: Be a source of valuable advice.

O

1. *Obogotu ngesanko, ngokina kore okuya, tangori ng'irane bwana* (Obogotu n'egesanko, n'ogokina kore okuya, ntarenge koirana mbe omwana!): Old age is a crust - needs firewood for a warm hut - growing up is the only good time; I just wish I become young again.

Esomo: Egokie ekero ki'obosae bwao

Lesson: Enjoy your youth while it lasts

2. *Okogota n'okoria nda (omonto ogotire nigo akoria chinda)*: The aged eat lice (Due to being weak, and senile, the old cannot keep themselves tidy, and therefore their clothes become the breeding ground for lice. Being a menace, they search for them in the clothes and kill them, and, being too tiny, the only best way to kill them is by biting them.)

Esomo: Tiga torende abanto abagotu.

Lesson: Let us take care of the old people.

2.18. Death

Death is a myserious phenomenon which is not understood among the Abagusii community. The proverb *Makweri oora nda, Nyamuya okirire, tare nkiri mechando ke boreba* (Death silences people. Nyamuya, who used not to keep silent when trouble comes to the community, is now silent) tells of the fear death brings. The helplessness of Omogusii before death is best summarized in the following two proverbs:

Amakweri aya naki atonyara, akonyakoira oyomo ase oyomo okage ng'a nyomba mbaichora (Death has frustrated us, taking away one person after the other as though we are too many.)

Bororo mbokoera boina bore maiga.

Pain will never cease as long as the grave desires more.

In the first proverb, it indicates that Omogusii cannot stop death; it is beyond his powers to control death. In the second proverb, Omogusii accepts that pain is a component of life. Since death will be there forever, pain will always be there.

However, Abagusii people have proverbs that solve the mystery of death. Through use of irony, these proverbs demystify and lessen the severity of death. The proverb *Bororo nkamati ya maseko* (Sorrow is a sister-in-law to laughter) sees death as something that is synonymous to laughter. The proverb consoles the bereaved. The proverb *Bororo tibori goita, nkenoro bogokoa (*Sorrow does not kill, it gives you health), also tries to look at death positively, hence providing consolation to the bereaved.

Now readers, let us explore together the mystery, the agony, the bad and the good things about death through the proverbs from the Abagusi community.

A

1. *Abaya na bainse* (Abanto abaya nabaria bare inse):

The good ones are those in the soil.

> **Esomo:** Abaya nabwo bagokwa.
>
> **Lesson:** It is good people that die, therefore don't sorrow (consolation to the bereaved)

2. *Amakweri aya naki atonyara, akonyakoira oyomo ase oyomo okage ng'a nyomba mbaichora.* (Amakweri aya ing'aki atonyara, akonyakoira oyomo ase oyomo orakage ng'a nyomba nigo toichire).

Death has frustrated us, taking away one person after the other as though we are too many.

> **Esomo:** Makweri tabwati mabera. Tari komanya ng'a nyomba na abake gose abange mwaiboretwe.
>
> **Lesson:** Death has no sympathy. It will take you away, whether you are few or many in the family.

3. *Ameng'e asiro abutokire mbusuro nchitaroka bisanda bisoge* (Omonto omonene okure, tiga abatigaire babwatane):

A pillar in the family has died. Let the rest not be divided lest the parents be distressed.

Esomo: Amakweri gachire ase omochie tatiga abakwereirwe babe amo

Lesson: When death comes to the family, let the bereaved be united.

B

1. *Bororo nkamati ya maseko.* (Obororo n'ekamati ya amaseko):

Sorrow is a sister-in-law to laughter.

> **Amanga'na Amanene:** ChEngaki y'obororo
>
> **Lesson:** This is used to comfort the bereaved.

2. *Bororo tibori goita, nkenoro bogokoa* (Obororo tibori goita, ekenoro bogokoa):

Sorrow does not kill, it gives you health.

> **Esomo:** Chingaki chinde n'echiomogoko ne chinde n'echiobororo.
>
> **Lesson:.** There are times for happiness and times for sorrow

3. *Bororo mbokoera boina bore maiga* (Obororo tibokoera oboina botaraera amaiga):

Pain will never come to an end as long as the grave desires more.

> **Esomo:** Amakweri n'omobisa omwanyabanto.
>
> **Lesson:** Death is an enemy of humanity.

4. *Bororo mbwanyene eamate echana bosaigo* (Obororo n'obwabanyene otatiga eamate egosoa ya nya'gochana bosaigo):

Grief is felt by the family members; neighbours only express shock/sympathy.

> **Esomo:** Abanyene nabwo bagochandeka tari eamate.
>
> **Lesson:** It is the bereaved who know the pain, not the others.

5. *Bwanchi mbwaitete Ogeko, mogoroba o'bikuuro ogochiera nyeni na nko.* (Obwanchi nigo bwaitete Ogeko, mogoroba koyaikire ekero ching'eni n'echinko chigosabanwa): Excess kindness/love caused Ogeko's death at dusk when vegetables and firewood are sought for. (Once there was a very intimate friend of Ogeko who came to visit him and stayed up to evening. At the end of his visit, he bid the host bye and left, only to come back through the back side of the homestead and entered Ogeko's cow-shed, intending to steal a cow. Noticed, the visitor turned on Ogeko and killed him. Had Ogeko not been kind and therefore extended his visitor's stay longer than normal, he could not have died. The visitor's long hours of stay gave him a chance to familiarize himself with the home and hence strategized the act of stealing, and ending up in killing the host.)

Esomo: Oyokogoita nori okomanyete. Takweanekera ase abasani bao moono.

Lesson: Let us not expose ourselves too much to people whom we don't trust or don't know much about even when they are supposed to be friends

C

1. *Chindera chia baba nchiri chimo bandaye masira nginda na ibu* (chindera chia baba tichiri echimo, abana ba enda yaye basirire buna chinko chikoyia erinde chiaba ribu) (Oyo n'omwana ogoteba ng'a abana bamwabo bakure abange. Nigo banga chinginda (chinko), chikoyia chiaba ribu):

My mother's tears are many; her children have died many times, like logs of wood which burn and become ash.

Esomo: Amakweri tari na mabera.

Lesson: Death can strike more than once in a family.

E

1. *Eeri kemwama yagure roche ngosikina ere eseegere abamura esegi* (Omonto omenene gakure nabo arasegete abanto barwane):

When an elderly important person has died, he may cause others to fight. They can fight on the grounds that he was killed or bewitched.

Esomo: Renda mono ogokagerwa ekero omonto omonene akure.

Lesson: Avoid baseless suspicions and accusations regarding the cause of someone's death.

M

1. *Makweri atayiera kegori, ntebania maya ng'a mosuko neike, mosuko teika* (Konya omonto otarakwa gose ataarakwa. Takona gosukwana ng'a nomokonye mosuko. Mosuko eyio nabo erabe teika). (Amakweri tari gosika kegori, mwatebania amaya kamore moyo, timona kogana):

Don't just keep promising; help someone now, for death might come one day and you will not be able to help him/her.

Esomo: Konya omonto ekero achandegete.

Lesson: Help someone when she/he is in need.

2. *Makweri oora nda, Nyamuya okirire, tare nkiri mechando ke boreba* (Amakweri akorenta obwoba, nonya Nyamuya oyore otagakirire ekero kiobokong'u bono nigo akirete):.

Death silences people. Nyamuya, who used not to keep silent when trouble comes to the community, is now silent.

Esomo: Amakweri nigo akorenta obwoba.

Lesson: Death brings fear.

3. *Makweri nkerabokio. Moiyi otagosimeka* (Amakweri nigo akorabokia enka. Nigo akoiya abanto korwa chinka, naende banto abwo mbari koirana).

Death uproots people without re-planting them.

Esomo: Amakweri namaganga.

Lesson: Death is an enemy.

4. *Makweri agwa minto mbusuro asimeka nchagwa erigie gesangio.* (Amakweri ekero achire ase enka, nigo akogera abanto baetana goika agania okobwaterana kw'abanto abange korusia enchagwa aretete):

Whenever death strikes a family, it may leave people separated than before unless there is cooperation in avoiding that.

Esomo: Bwaterana ase okobua obokong'u bw'amakweri.

Lesson: Espouse cooperation when death comes in the family.

5. *Makweri nkegocha, koborera mbusuro chiaye* (Amakweri n'ekegocha, tiga tokoborere chimbusuro chiomonto oria okure):

Death is a stumbling block; plant again the seeds of the departed person.

Esomo: Sukia bosio emeremo y'oria okure.

Lesson: Continue the vision/work of the departed person.

6. *Makweri abwana masanwa aiteka.* (Masanwa aiteka namang'ana amaya asira): The death of a child is good things that pour down.

Esomo: Ogokwa kw'omwana n'ogosiria ebinto ebiya omwana oria are gocha gokora n'echitaranta chiaye.

Lesson: The death of a child is a loss of talents and contribution to society.

7. *Makweri akemba keera nguru na nguru chianuchire abasera atakoyiera* (Amakweri nigo agokemba oyore n'echinguru naende akemba noria chiaereire; tari gochora):

Death takes away the young and the old alike.

> **Esomo:** Amakweri tairogeti onde, nigo okoira abanto b' ebigori bionsi.
>
> **Lesson:** Death kills people of all classes.

8. *Makweri maoncha, ngeita akorigia na binde mosieka* (Amakweri na amaoncha, nigo akorigia egeita agosoera atoikere, ase igo sieka ebiita biria bigosiegeka):

Death keeps on finding an opening in order to kill someone. Therefore, let us shut those gates that can be shut.

> **Esomo:** Tokore keria toranyare ase ogotanga amakweri.
>
> **Lesson:** Death that is preventable must not be allowed to take human life.

9. *Makweri ng'era egoita, naita Kerama ore kenene taboria baigami* (Amakweri nigo anga eng'era yaitete Kerama etaboreti abanyene):

Death is like a buffalo that kills. For example, it killed a man known as Kerama without consulting his family.

> **Esomo:** Amakweri tari goteba ekero agocha.
>
> **Lesson:** Death does not consult its victims.

10. *Makweri a'mwana masenwa aiteka (Amakweri y'omwana na amasenwa aitekire):* The death of a child/youth is spilled honey.

> **Esomo:** Omonto bw'ekegori egeke gakure ebinto are gocha gokora ebigosira; nonya n'egesakwa kiaye ekegosira.

Lesson: When a young unmarried person dies, he/she dies with untapped potential.

11. *Makweri makoro* (Amakweri n'amakoro):

Death is an old phenomenon.

Esomo: Amakweri tari gotangeka.

Lesson: Death is inevitable.

12. *Mosacha irooka (Omosacha n'omorooka):* A man is *omorooka*, a tree that sprouts as soon as it is cut. (This refers to the fact that a man can recover from a great loss, such as thuggery, fire accident, or loss of family).

Esomo: Omosacha nigo abwenerete kweagacha naende ekero anyorire obokong'u.

Lesson: A man is capable of re-starting all over after a big loss.

O

1. *Ochiire mbeera mokaga nabokere masonsoro, yarigie na mbero chia ngabi* (Omonto okure bono nigo ere akong'u kwaberana, rigia okwaberana bono n'ekerundo ki'engabi):

When dead, one cannot reconcile with you who is alive; seek reconciliation with him now with the speed of a gazelle.

Esomo: Sonsorana n'oyomino ekero more moyo.

Lesson: Reconcile when still alive.

2. *Ogokwa okuya nkwa Masega okwete nkwana'amwana na nguru chikoiya* (Ogokwa okuya nokw'omogaka omokoronto obeire buna omwana):

A good death is like the death of Masega who died when he would talk and walk like a child.

Esomo: Okwegotera n'egento ekiya.

Lesson: The best death is one that happens when one is of old age.

T

1. *Taga mwangane mwanchanere matati* (Tiga mwangane korende mwanchanere engaki y'emechando):

Hate one another only to love one another when trouble strikes.

Esomo: Nabo abanto bakwangana kibare buya bacha gwanchana ekero engaki yamakweri gose obobe.

Lesson: People may have no business with each other in times of peace, but care for one another when catastrophe or death strikes.

2. *Takweti ore keore, okure borera boganyire* (Omwana takweti ore omonene, nigo akwa ataranywoma/ataranywomwa):

The child has died when he was being waited for to grow and marry.

Esomo: Ekero omwana agokwa nigo agokwa n'egesaku kiaye gionsi ime yaye.

Lesson: When a child dies, he dies with a future generation in him.

3. *Tang'eri tata na baba ngesire bakogota nimbaraga, nakonya nambura egotwa mbaragere gesona* (Tangori tata na baba n'egesire bare, erinde bakogota nabaraga, nekero embura egotwa nabaragera gesona): I wish my father and mother were an axe, so that I would smelt them back when they age, and if rain interferes I will continue working under the eave of the hut. (A lamenting remark made by daughters mourning their beloved parents. An axe is renewed by smelting it into shape and then sharpening).

Esomo: Amakweri tari koiranigwa magega. Abakuure tibarikoirana.

Lesson: Death is irreversible.

2.19. General Knowledge

In this chapter, we shall explore proverbs that deal with general knowledge. These are proverbs that advise people to be careful, to plan their lives well, and to have good behaviour. We also have those that guide on common knowledge such as *Mosangami ikororo* (An uninvited guest is a cough), which refers to an uninvited guest who must always cough continuously to attract the attention of his host, trying to let him/her know that he has not been served with food—a situation that is embarrassing. The proverb *Okobwatia egesingororo ko nambaba tori, chinswe chitagoseke gokonywa amache?* (You follow a sparrow and you have no wings, you will fall and drown and the fish will laugh at you), tells people not to base their life's goals on other people's goals blindly. It advises one to follow one's conviction given their ability. The proverb *Nse yonsi mansa* (The whole world is toothless), reminds peope that the whole world is the same, the problem in one community is similar to one that can be found in another community and therefore one should be contended with one's problems.

Now readers, let us examine and explore proverbs that contain general knowledge on life as found in the Abagusii community:

A

1. *Abakwete mbaayererete*

(Abanto bwakwete nigo bayererete): Those who are dead, must have left in a hurry.

Esomo: (Kare abanto ebagakagire ng'a ebiarenge oo nabio biarenge ebiogokumia mono. Korende bono twaansire korora ng'a nonya n'ebiabono n'ebiogokumia goetania ebiakare. Abakure bare kobooka nabo bare gokumia). Ebinto ebiya, biogokumia, mbibeo amatuko onsi. Titobiekumeria.

Lesson: (The few inventions in the old days were marvelled at, seen as miracles, but these days we have seen new, more advanced inventions, and we keep wishing those who died can come back to live and see the present inventions.). There will always be new inventions. Knowledge and technology will always advance.

2. *Abande namokwana timonga rigoro riang'ung'uire rikorabia obori mogondo* (Abande namonyagokwana timonga rigoro rikong'ung'ura erinde obori bwaraba mogondo): Talking too much cannot be as beneficial as a thunderstorm, which when it sounds, finger millet (wimbi) in the farm ripens. (Better listen to the thunderstorm which brings rain for ripening wimbi, which is of benefit, than having idle talk, which has no benefit).

Esomo: Mbuya otegerere abanto bagokwana ebinto bigokonya.

Lesson: Don't listen to idle talk; listen to sounds that make a difference.

3. *Amache n'amaya boria etibibi ekomanyie buna yangete ekeromo* (Amache nabo are amaya, komanya bo, boria etibibi egotebie buna yangete ekeromo):

Water is good; ask a water bird to tell you how it hates a dirty body.

Esomo: Esibie orabe buna etibibi.

Lesson: Wash yourself clean like the waterbird does.

4. *Amachore n'amariri agwetinyeria obosubuni* (Amachore n'amariri ekiagera agwetinyeria obosubuni botegire):

Weaver birds are foolish; they clean their beaks on the string traps set to catch them.

> **Esomo:** Manya ebirwanero n'ebitisererio bi'omobisa oo erio tobaisa gwesoia ase omotego.
>
> **Lesson:** Know the kind of weapons used by your enemy, lest you ensnare yourself.

5. *Amang'ana mbeo* (Amang'ana n'embeo):

Words are wind.

> **Esomo:** Takona gokwana kwana ayare abobisi. (Onye gotagete ring'ana ritigare obobisi riorio torikwana ase onde bwensi. Gokorikwana riamanyekanire, na goika oriigwere ase atambe. Erikoba buna embeo ekoranda ase atambe).
>
> **Lesson:** To keep a secret one has to avoid speaking it to anyone. (Words are like wind, they spread very fast as long as they have been spoken. So, to keep a secret, you are advised not to speak it anywhere, lest it will spread far and wide).

6. *Amatuko onsi tari mbura* (Tari amatuko onsi are ay'embura):

All days are not rainy days.

> **Esomo:** Menya kera rituko buna rigocha.
>
> **Lesson:** Live one day at a time.

7. *Ankio mosuko kande (Ankio naende tonyore akande):*
May tomorrow bring forth another one (This is used to encourage or bless an effort)

> **Esomo:** Tosege abanto gokora omokia.
>
> **Lesson:** Let us encourage people to work hard.

8. *Ani magoro magendi* (Ani amagoro na amagendi):

Oh, legs can walk!

> **Esomo:** Nabo omonto aragende ase are atambe n'amagoro; ase abwenerete egari.
>
> **Lesson:** Human beings have the capacity to cover long distances on foot.

9. *Ata rigumba takona gooncha* (Ata rigumba, takona gooncha):

Break open the boil, don't hestate, and don't be afraid.

Esomo: Kora emeremo yao n'oboremu.

Lesson: Do your work with courage.

B

1. *Baba mokora tata bororo kobwaberire* (Baba n' amanyete buna agokoora oborororo bwatata nonye n'ekero bwaberire. -- Oyo n'omong'ina omanyete gokanya omogaka oye ekero are n'obororo):

My mother knows how to quell my father's anger when it is boiling in him.

Esomo: Manya buna ogokanya obororo bw'oyobwanchete.

Lesson: You should know how to help calm the anger of a loved one.

2. *Baibero nkana monibi tamenya ko boro basekwa* (Omonto ore ne'ribero nigo akoraria tatageti omonibi amenye. Omonto otenenkire naende aise gotiga enibo yaye abe omotaka nigo naende abanto bakomosekerera. Bono ng'ai abanto bateneine?):

Jealousy people declare that they do not want the rich people to live. When the rich people become poor, the same jealousy people laugh at them.

Esomo: Tibwoboa gokora aria okonyara ase engencho ya baria bare n'eribero.

Lesson: Focus on your goals; ignore jealousy people.

3. *Bange mbaya nkiane bariete nkaigwa bobe* (Abanto abange na'baya korende n'egento kiane bariete nkaigwa bobe):

Many people are effective at work, although they ate my food and I felt the pain.

Esomo: Abanto abange nigo bakobwaterana egasi yaera bwango; korende okobarageria/ogwakana kwaba ogokong'u.

Lesson: Many people can help you complete work very fast; though it is costly, as you will need to feed them.

4. *Banto bamo mbachayani* (Abanto abamo nigo bagochayana):

Members of the same family despise one another.

Esomo: Okonarana/okorabana na komanyana, nabo kero kende gokogera abanto abamo bachayana.

Lesson: Familiarity breeds contempt.

5. *Baturi mbaibi, mbauti batakoiba (Abaturi n'abaibi korende abauti barabwo tibari koiba):* Blacksmiths are all thieves; it is the fire fanners who do not steal. (A blacksmith will readily sell his items to any prospective customer, despite having been paid for them in advance. However, the fire fanner (his assistant) may not be aware of this. This proverb is used to warn people from generalising the characteristics of a trade. This is to say not all those involved in blacksmith skills are liars).

Esomo: Tari banto bonsi bare ababe, nonya bakorwa amo.

Lessons: Not all people are bad; do not generalize.

6. *Beka oboko bwa'mbura toigame (Beka oboko erinde embura egotwa twaigama):* Develop some in-law relationship whose home may offer us shelter during the rainy season.

Esomo: Oboiri nabochia bobe oboke n'obuya; nkokonya bore.

Lesson: Relationship, however small, comes with benefits.

7. *Bikondo biasang'ia maino moremi ore mogondo* (Ebikondo nigo bikonakoriania amaino ekero omoremi are mogondo):

Monkeys grind their teeth when they see a farmer working on her/his farm.

Esomo: Kera egento ekiya kegokorekana nkebwate ababisa baye bagotaka kogesaria.

Lesson: For everything good done, there are enemies who would like to destroy it.

8. *Binto mbiang'ora nsaga saga bikwanga* (Ebinto n'ebiang'ora; n'esagasaga bikwanga):

Success needs patience and orderliness; it hates haste, hurry and chaos.

Esomo: Kora ng'ora ng'ora gicha okore buya.

Lesson: Be slow, but do it well. Hurry! hurry! has no blessings. For wealth or success to be achieved, there will need to be patience; success abhors haste and recklessness.

9. *Binto mbikone, sasati ekaibora mache, na morero okaibora ibu* (Ebinto n'ebikone, buna esasati eiborete amache, na omorero oiborete ribu): Wonders never cease; the elephant grass produces water while fire produces ash.

Esomo: Obogima mbobwate ebikone biaye.

Lessons: Life is full of paradoxes.

9. *Bobisi mbwa monto omo* (Obobisi no bw'omonto oyomo):

A secret is for one person.

Esomo: Onye gotagete obobisi bwao tibomanyekana, totebia onde bwensi.

Lesson: A secret can only be kept by one person. The moment it is revealed to someone else, it is longer a secret. It is now revealed.

10. *Borema igoro bore* (Oborema igoro bokoba):

Deformity comes at maturity.

Esomo: Nabo kende gionsi gekobera omonto ase obogima bwaye. Onde taiyo ore nabomaene ng'a ere naikeranie onsi emiaka yonsi.

Lesson: Life is full of uncertainties. We cannot say we shall be healthy and wealthy forever.

11. *Bogima mbori irori magana bokwanga* (Obogima tibori kweirora, ase igo n'amang'ana bokwanga):

Life does not repeat itself. It rejects words without action.

Esomo: Menya obogima bw'ebikorwa.

Lesson: Live a practical life.

12. *Bokumu ndwari (Obokumu n'endwari):* Being introverted/silent is a disease.

Esomo: Kabe abasioku.

Lesson: Communicate. Any problem should be shared.

13. *Borabu nswenta* (Oborabu nsweta): The world is a massive void.

Esomo: Omonto ase arachire orachire; tokomanya gose nairane gose takoirana, ekiagera nabo aranyore kende kemotange tairana.

Lesson: The world is a big void, such that if one is out there he/she is likely to wander everywhere, and lose himself/herself into the void, therefore rendering it hard to trace him/her or making it hard for him/her to come home at the exact time he/she intended. (This proverb is uttered when someone is late coming home, or when someone is late leaving for his/her home).

14. *Boreba mobisa mbokorura ocharoke ko na igesa iganya* (Omotego omobisa ategete togera otige rigesa

riao) (Enkwana eye neyokobeka omonto omokia ng'a tabaisa gokorekanigwa na omobisa erio atige emeremo yaye. Amang'ana aya igo abete ekero omoremi oyomo amanorete kogenda kogesa chibando chiaye konye chiomire. Akanyora omobisa inchera akamong'esa amase aria akorura. Erio agachaka gotama na gotumatuma. Akarigia gokwa omoyo ng'a airane. Omogaka oyomo omoroche akamotebia genda ogese chibando chiao. Aye togwenereti gokwa moyo):

The enemy would very much want to distract you from your mission, but stay focussed.

Esomo: Omobisa nigo agokobogeria korwa ase emeremo yao. Tema gweatanana korwa ase are.

Lesson: Your enemy should not distract you from your mission in life.

15. *Bororo mbori bore irongo, ka'botonya riko* (Obororo n'obori bore irongo, bogotonya gochia ase eriko): Sorrow is *wimbi,* (finger millet) in the loft of the hut which, with discomfort, eventually drops down to the fire.

Esomo: Obororo n'obobe; ebogoita. (Erioki erikogera obori bogwe korwa irongo, ase igo bwagwa riko omoerio oye bwayia).

Lesson: Control your anger as it can kill (Exposed to smoke up in the loft, the finger millet suffers the discomfort and finally drops down to the fire and perishes.)

16. *Bototo bwa'monto* (obototo bw'omonto): One's efforts.

Esomo: Kende gionsi onde akorire, tiga aegwe omoyo.

Lesson: Encourage one for one's achievement, no matter small.

17. *Bugia egetureri chinsinyo chigwe tari mbaka toganetie genda oboe.* (Chimbaka n'amang'ana yokona goteba ng'a ntoche togende esegi)(Bugia egetureri chinsinyo

chiigwe, korende tari ogwetogia toganetie, genda oboe/ oganyerere ababisa):

Sound the battle trumpet (horn) to all corners of the community, for now we want people to go to the battlefield; we don't want mere promises.

Esomo: Ogokora nigo kobuete ogokwana.

Lesson: Action speaks louder than words.

C

1. *Chaga orare echia motegandi* (Chaga orare echi omotegandi ararete): May you sleep like the wood cutter.

    Esomo: Echi ne'chitoro chindito.

    Lesson: This is a reference to deep sleep.

2. *Chaga osire buna 'mboori amarwa* (Chaga osire buna embori y'omonto onywete amarwa): May you go astray like the drunkard's goat. (A drunkard abandons his goats to go to the beer-party. While at the party, the goat strains at the rope teethering it and wanders away.)

    Esomo: Tagosaria chinsa ase ebinto bitari n'engencho buna amarwa, nagotiga emeremo yaito.

    Lesson: Let us not abandon work to waste time in trivial things.

3. *Chaga semi chia'gekuro chiateke, chitigare chimoya.* (Chaga chisemi chiegekuro chiateke, chitigare chimoya): May your gourd containing milk-waste break to expose your nakedness.(This refers to a situation where someone who is carrying a gourd is thought to be carrying fresh, or well-fermented milk. But when the gourd accidentally falls down and breaks it is discovered that she was actually carrying dirty, smelly and watery milk, or dregs of milk, which in Abagusii community is referred to as *amakuro*. These *amakuro* could at times be consumed by poor people.)

Esomo: Tibwetogia otaramanya ninki kere motwe.

Lesson: Pride comes before a fall.

4. *Chandeka buna Okibo agatiga koboko akambora boswa* (Tiga ochandeke buna Okibo achandegete ekero akorwana n'ababisa egaikera akabutorwa okoboko korende agakonya abanto bamwabo):

Suffer like Okibo who lost his hand in the fight against the enemy as he saved his brothers.

Esomo: Oboremu nabo bogokonya abare gocha gokwa.

Lesson: Courage saves those who would have died.

5. *Chiera mang'ana rooti* (Gwachiera mang'ana ng'ora): Go slow on issues.

Esomo: Tema komanya ring'ana ng'aki rire otarakora kende.

Lesson: Let us understand the issues before taking action.

6. *Chiombe mbe na mbe, chiabutoire Nyankuru kiara* (Chiombe nabo chire chimbe, chiagerire Nyankuru obutoirwe ekiara): Cattle are bad, so bad that they have caused the loss of Nyankuru's finger. (A story is told of two brothers who could not agree on the sharing of their sister's dowry. They quarreled and fought one another, resulting into one of them having his finger chopped off.)

Esomo: Toigwanane chinka.

Lesson: Let us have understanding among ourselves in the family.

7. *Chinko chire mbarabare chiaseka echi chire riko* (Chinko echire riko ensemo chiasekerera chiri chikoyia riko): Firewood by the fireplace mocks those in the fire.

Esomo: Titosekerera abanto bande tokage buna ntwe kaa titokonyora bokong'u obwo banyorire. (Chinko chire eriko ensemo nachirochio nchiganyete chiotwe. Bono ekero chigosekerera chiria chire riko, nigo enga buna ogosekerera ekerema naaye kore ekerema.) Twensi n'enchera eyemo togochia, gaki tiga twanchane. Onde taiyo otanyore obokong'u, gose onde taiyo oikeranete.)

Lesson: Let us console with those in trouble since we shall also one day get similar problems. (The firewood placed near the fire will also be plunged in the fire.)

8. *Chinsoni chiatara Kerage, Kerage onyora n'ere otari kerage* (Chinsoni nigo chiatarerete Kerage, chikagera akamanya ng'a ere tari ekerage):

Humility visited Kerage (an arrogant, self-important person) and Kerage realized that he was not special in anyway.

Esomo: Takoba omwerori.

Lesson: Don't be arrogant.

E

1. *Ebichure bionsi mbimera* (Ebichure bionsi nigo bire erangi eyemo ere emera):

All antelopes look alike; they are brown in colour.

Esomo: Oko nogotama obokong'u naende kwaumera obokong'u ase kwagenda.

Lesson: Out of the frying pan into the fire.

2. *Egechure nkiarabete etebe y'Omboga* (Egechure nigo kiarabete etebe ya Omboga. -- Omboga nigo arenge omoremi. Ebimeri biaye nigo biare gosarigwa n'egechure. Akabeka etebe mogondo kwaye. Ekero egechure kiare korora etebe eeria nakoigwa ekobuga nigo kiare gotama. Matuko make iga egechure keria gekamanya ng'a eeria n'etebe bosa. Bono kegatiga gotama.):

An antelope got used to Omboga's tin (Scarecrow). (Mr. Omboga was a farmer whose crops were being destroyed by an antelope. One day he made a scarecrow using a tin. He realized that the the sight and sound of the tin would scare away the antelope. However, after some days, the antelope got used to the tin-scarecrow and continued destroying his crops.)

Esomo: Ogochaa nabo kogocha ekero abanto banaranire.

Lesson: Familiarity breeds contempt.

3. *Egekondo nki'eng'enterete mbura ng'eti.* (Egekondo nigo kieng'entete okoba embura yaengete ko bono egaeta) (Eke n'egekondo giatweretwe rituko ritang'ani. Rituko riakabere gekarora naende embura yaengire. Gekaondoka ng'a embura eria ngochi kogeita ere. Gekarora nagieita mbuya rinde rionsi. Ekero gieita, embura eria egaeta, tiyachi gotwa): A monkey committed suicide because of the rain that never fell. (One day a monkey was terribly rained on. The following day when dark clouds formed, he feared that it was going to rain on him again as it did the previous day. He decided to hang himself before it started falling. However, the wind changed direction and swept away the clouds and the rain did not fall).

Esomo: Titobaisa gwechandera obobe tokagerete bogochi koba, botaraba.

Lesson: Don't worry about a misfortune that you expect, but has not happened.

4. *Egesire ekioge giatieria egetu* (Egesire ekioge nigo kegotieria egetu):

A sharp axe whets a blunt one.

Esomo: Omong'aini asemie omwabo omoriri.

Lesson: Let the wise ones give advice to the foolish ones.

5. *Egesomo nabo kegokinia ko nkeri kong'ainiyia (Egesomo nigo kere ekiya ase ogokinia abana, korende tikeri gokora abana baba abang'aini):*
Isolation can assist one to grow, but does not provide exposure to social life.

Esomo: Omonto omenyete bweka tari komanya mang'ana abande bamanyete.

Lesson: Living in isolation makes you ignorant.

6. *Egetinginye ekeng'aini kerigie oboundi keagache, embura egotwa gesoe mwaye* (Egetinkinye okoba kere ekeng'aini nigo gekorigia oboundi kiagacha, erinde embura kegotwa giasoa mwaye.)The wise wren gathers grass to thatch its house in advance, so that it shelters in it when it rains.

Esomo: Tweariganie engaki y'obokong'u etaraika.

Lesson: Let us get prepared for adversity.

7. *Egiasireire 'nchera rogoro, kerigerie 'nchera maate* (Egento giasireire enchera ya rogoro, ririorio kerigerie enchera ya maate): Search for it along the upper path, if you cannot find it, then look for it along the lower path.

Esomo: Onye richibu ndiratoka ase gwakagerete, tema ase ande; ririgerie chinsemo chionsi.

Lesson: Do not be confined to only one couse of action; always find an alternative.

8. *Egienchara n'engi ekogeitera* (Egento kegotoka ekero gienchara engi nero ekogera giaiterwa) (Aiga n'ase obotaka bore. Keri geke kegotoka buna amabere, nigo agoiterwa n'engi.): What we get during famine, ends up being spilled by a housefly. (A scarce commodity, eg milk, mostly in a poorman's home, is prone to accident. It ends up being consumed by the flies.)

Esomo: Toreme ekero togosiria keri egeke tobwate.

Lesson: Be ready to accept the loss of the little that we own.

9. Eke ne'kemama! (Eke ne ekemama): This is a hard rock!

Esomo: Amang'ana amakong'u asinyire gosonsorwa.

Lesson: A complex or difficult issue to solve.

10. *Ekeng'wanso nkeera getige magachi agochura* (Ekero ekeng'wanso kiaerire nigo ebirecha biarenge gochura ase enyasi biare gotama):

After the sacrifice, let there be no screams of evil spirits from the walls.

Esomo: Omorembe tiga ororekane nyuma yokong'wasa/yokoigwana.

Lesson: Let there be peace after negotiation.

11. *Ekumbe bogesasati eoro teri roche* (Gwekumba buna esasati, ekiagera eoro teri buna oroche):

Bend as the water grass for the flood is not like the river.

Esomo: Kabe omoremereria ase obokong'u.

Lesson: Endure and be patient during life's crises.

12. *Enchoke egotuna mono nkororeranigwa ura* (Enchoke egotuna mono nigo erakororeranigwe amo ne eura):

A bee that sucks too much for too long may end up being swept off with waste.

Esomo: Kobera ase boire gose gokora egento ekemo boire nabo orabaise konyora obokong'u.

Lesson: Don't stay in one place or do one thing for too long. Observe temperance

13. *Enda n'embe yarusetie ekeongo igoro, kegaika nse* (Enda nembe nigo yarusetie ekeongo igoro, egakereta inse): The stomach is terrible! It made an eagle descend down from the sky to the ground.

Esomo: Enchara koyarire omonto nabo arakore kende gionsi erinde anyore endagera arie.

Lesson: One can go to any extent to stop the pain of hunger.

14. *Enda n'esese (Enda nigo ere esese):*

The stomach is a dog.

Esomo: Isaneka. Toba buna esese ekoria goika yaroka.

Lesson: Be contended with what you have. (Don't be like a dog that eats too much and then vomits).

15. *Endeu yaria enoru* (Egento ekereu nigo gekoria ekenoru):

The thin (lean) one eats the fat one. (A weak person might defeat a strong one in a contest, e.g. in the Biblical story of David & Goliath).

Esomo: Tochaya monto, nachia abe omosinini. Daudi nabo aitete Goliato.

Lesson: Do not despise a person, no matter how weak, young, small or disabled. He can turn out to be more successful than you.

16. *Eng'ombe n'esereti* (Eng'ombe enoru n'okoba ekoria esereti engiya): A cow is grass.

Esomo: Okonora nigo gokorwa ase endagera engiya naende esaine.

Lesson: Good health arises from good eating.

17. *Engo tiyana kweibora* (Engo tiyana koibora eyenyebwekaine):

The leopard cannot give birth to itself.

Esomo: Omonto okumete tari botambe okaibora abana bamobwekaine.

Lesson: A great man may not beget great children

18. *Ensanako yaitete omoriakari* (ensanako nigo yaitete omoriakari)

The safari ant did kill a bride (A story is told of abride who was being bitten by an ant. To keep her dignity she endured the pain, until she collapsed.)

Esomo: Titokwa okoba obosoku.

Lesson: Don't die while trying to keep your dignity. Be yourself always.

19. *Enuko enkuru n'ero egoita (Enuko egokurerana nero ekobua):* A group or clan that alerts one another when the enemy approaches usually wins.

Esomo: Koba amo na kobwaterana nigo ekoreta okobua ase ring'ana rikong'u buna esegi.

Lesson: Unity and coordination can enable a group defeat enemies when invaded.

20. *Enyang'au enyoba nkwe'gotera ere (Enyang'au ere enyoba nkogereere ya menya amatuko amange goika yagota):* A cowardly hyena lives up to old age.

Esomo: Omonto omwoba tanya korama gose achegie onde. Igo tagochia korwana erinde aitwe. Totige obotindi.

Lesson: Let us control our tempers/anger/fury and we shall live longer.

21. *Enyimbo y'omomura omoke n'omomura omenene okoyetarera* (Enyimbo y'omomura omoke n'omomura omonene okoyetarera): A young brother's walking stick is used by the elder brother.

Esomo: Tosikane na twanchane.

Lesson: Let us respect and love one another.

22. *Etagweti 'ng'ina, yagwa ise* (Egento getari kogwa ng'ina, nigo gekogwa ise): If it does not take after its mother, it takes after its father.

Esomo: Abana nabo bakobwekana abaibori.

Lesson:. Children take after their parents.

23: *Eyekeranya timoyechongeria nekeng'wanso eganyete* (Eng'ombe egacheire ekeng'wanso, toyechongeria egasi yaye etaraika):

The animal that is set aside for sacrifice should not be used for any other function.

Esomo: Karwe amasikani ase ebinto biabekirwe ensemo ase omoroberio gete.

Lesson: Respect things that are set aside for a certain purpose.

24. *Ey'ekoroma 'ngete egosererwa* (Egento gekoroma n'egete kegosererwa): That which bites is pushed away with a stick.

Esomo: Takoba ang'e n'abanto ababe.

Lesson: Stay away from evil people. When dining with the devil use a long spoon.

25. *Eyekwana mbwango ekoegwa emori* (Eng'ombe eria ekwana imbwango ekoegwa emori): An animal that cries earlier is the one that is given a calf.

Esomo: Saba egiotagete.

Lesson: The squeaking wheel is the one that gets oiled. Ask and you will be given.

26. *Eyetang'aine ebuneke, eyekorwa nyuma eyeete* (Eyere etang'aine ebuneke okogoro, eyere ekorwa magega eete): Let the one leading break its leg, and the one trailing behind go past it.

Esomo: Titwetogia gitotang'aine. Naboigo kore magega tokwa moyo.

Lesson: Let us not be over-confident when leading in a race.

27. *Enyomba n'eyemo, n'etoto yaye'bagire* (Enyomba nigo ere eyemo, korende n'etoto ekoyebaga): The house is one unit, but it is the wall that has divided it.

Esomo: Egesaku nabo keratware chinyomba chinyinge, korende n'ekemo. Tobe n'obomo.

Lesson: A tribe can be divided by many clans. Or a family can be divided by many wives. Let us still keep united.

28. Enyongo 'ngesieri egwatekera (Enyongo yarure are egwatekera gesieri): A pot breaks at the doorstep/threshold.

Esomo: Nabo egento kegosareka ekero kiabeire ang'e koba/koera.

Lesson: Do not count your chicks before they hatch.

G

1. *Gambera omuya togambera omobe; gokogambera omobe nguru kwemarire* (Gambera omonto oyore omuya, togambera oyore omobe; gokogambera omobe ne chinguru kwemarire): Give advice to a wise person and not a foolish one; if you advise a foolish one you will be wasting your energy and time.

Esomo: Omonto omoriri tagokonyeka nasemigwa. .

Lesson: A fool will not make sense of the advice he is being given.

2. *Geka kiaang'e kere mabuucha, kiaare makura gekorigia* (Okonacha ekina bwango nigo kogokonya, korende okwerindoria nigo kogosaria/kogoita):

Quick decision-making saves life, slow decision-making results into mourning.

Esomo: Koba bwango nabo egotanga amabe. Ekero obokong'u bwachire bokoore bwango.

Lesson: Acting in good time will save a situation/life.

3. *Kerema giachencha kende/ Gesere giachencha Iberia* (Gesere nigo kegochencha Iberia) (Ebitunwa bibere, Gesere na Iberia, ekero biasambetwe nigo biare kororekana buna nigo bigosekererana): Gesere laughs at Iberia (These were two opposite hills which, when set on fire, seemed to be laughing at each other).

Esomo: Titochencha banto, twensi ntobwate oberemerwa gete.

Lesson: Let us not look down upon people with weaknessses. We also have our own weaknesses.

4. *Gesinsi 'ntwoni ng'era.* (Egesinsi n'etwoni eng'era): An ant is a great buffalo.

Esomo: Tochaya omonto omoke, ekerema, gose omokungu. Nabarabwo mbabwate eki bakonyara.

Lesson: Do not despise anyone, be it small, young, woman or disabled. He/she may also be useful in certain tasks.

5. *Gokenakena nkwa mbeba ere na itete* (Ogokenakena nigo kore okw'embeba ere na ritete):

Panick and nervousness is for the rat carrying a millet husk.

Esomo: Omonto omogosu nere obwate obwoba, nokoondoka. Tari gokira atoerere.

Lesson: The guilty ones are always nervous, panicking and confused.

6. *Gokora buya ngosaria, Bogita/Moraa!* (Naichanire komanya ng'a ogokora buya nogosaria, Bogita/Moraa!!): Being kind is being despised, Bogita/Moraa! (This is a reaction from a benefactor who instead of being thanked is insulted).

Esomo: Abanto mbare nobakorera buya mbosa.

Lesson: Some people will not appreciate other people's kindness.

7. *Gotebigwa (nigo), tikong'ana kwerorera* (Ogotebibwa mbosa igo, tikoreng'aini okwerorera):

Seeing is superior to being told.

Esomo: Nigo ere raisi kwegena egento okorora aye omonyene.

Lesson: You believe easily when you witness an incident by yourself as compared to when it is narrated to you.)

8. *Gwankoreire nkorera bwa songoso, buna motembe ochia nting'ana* (Gwankoreire bobe, bono nigo inkorera bwa songoso, buna omotembe ochire enting'ana): You have caused me to lament sorrowfully, sounding like a queen bee in a beehive. (This refers to a current incident, which reminds someone of his previous problems. It is a situation in which insult is added to injury).

Esomo: Obororo nabo bokoinyoria omonto emechando emekoro.

Lesson: Present sorrow can remind one of the past problems.

9. *Gwa! Oro ndwang'iti* (Nakumirie; ensemo eye n'eye ching'iti!):

Gwa! This is a place of snakes!

Esomo: Okoumera obokong'u.

Lesson: What an overwhelming challenge!

I

1. *Ira magoro make* (Ira amagoro amake): Shorten your legs/footsteps.

Esomo: Oko nogokurera omonto atige gwesoyia ase amang'ana aramobeke ase emechando.

Lesson: This is a warning to somebody to stop involving himself/herself in affairs that can put him/her in trouble.

K

1. *Kare 'nkare, na rero ndero* (Kare inkare, naboigo rero indero): The past belongs to the past, the modern belongs to the modern.

   Esomo: Titokora ebinto biaetirwe n'echingaki..

   Lesson: Let us go with the times.

2. *Kebe nkia monyene* (Ekebe ne kia omonyene): A blemish has its owner.

   Esomo: Egento bwangete nabo kebwate oyogianchete.

   Lesson: One man's poison is another man's meat.

3. *Kemoya monyene ogeche* (Ekemoya(ekebeti) kiomonyene nere okemanyete):

   It is the person who knows his/her purse.

   Esomo: Naye omanyete obokong'u bwao, gose ekiobwate.

   Lesson: You alone understand your problems.

4. *Kenyenyi rimo nere ogoseeria baisia* (Omonyenyi orimo nere ogoseria abaisia): The one slaughtering for the first time can be noticed by the way he chases away boys. (A reference to hosts who limit visitors due to inexperience).

   Esomo: Okoba omwega nabo koragere orore amamocha ase atari/ ase omonto otaramocha.

   Lesson: Lack of experience can lead to blaming the wrong person.

5. *Keore kebese giachencha kende kiomo* (Ekeore ekebese nigo kegochencha ekiamwabo kere ekiomo): A fresh skull mocks a dry one.

   Esomo: Titosekerera abare n'emechando. Emechando eyio eyio nabo eratonyore.

   Lesson: We should not mock or despise those who are weak or with problems. We could be the next in similar in problems.

6. *Kiina kiarire moragi okeragire (Ekina nigo gianchokeire oria obegete richiiko):*

Prosecution has come upon one who made the law.

Esomo: Gokorosia richiko manya naye nabo oramoche rikonyore.

Lesson: The one making law, the same law can later on judge him.

7. *Kobeka Mokeira ibega nkebera kwerenteire* (Gokobeka Mokeira ang'e n'ase ore, n'ekebera okweretera): To treat Mokeira as a bosom friend is courting trouble.

Esomo: Nabo ogokonya omonto omanya kogoonchokera

Lesson: You help someone now, then later he/she turns against you.

8. *Kogosengekigwa/Kogoserigwa n'enyang'au, tang'oria, buna kwaereirwe nero yaereirwe* (Onye gokominyokigwa n'enyang'au tama mono, ekiagera buna kwaereirwe nero yaereirwe): When a hyena is chasing you, keep on running, for the rate at which you are wearing out is the same rate at which it is wearing out.

Esomo: Tokwa moyo, genderera ekiogokora.

Lesson: Don't sit on your laurels when you are at an advantaged position.

9. *Komiameria batwambu gwasinya koramokeria bayaye* (Okomiamia amaiso ao ase abatwambu nigo orasinywe korora abayaye): Closing your eyes on the ugly ones will impair you from noticing the beautiful ones. (When you close your eyes against the ugly ones, the eyes will not see when the beautiful are coming).

Esomo: Korera bonsi buya. Bonsi n'abaya.

Lesson: Be fair to all. Do not discriminate.

10. *Koroche nkirete iga, naberekeirwe maana'nchoke mankinda tinkoyaria* (Ekero oroche inkirete iga, nokoba naberekigwe amana aye chinchoke, ayio ntaganeti koria): The reason for my silence is that I have been forced to carry honey combs, which I do not desire to eat. (This has reference to being forced into a situation that one does not desire to be, even if it may be good as honey. Example: when one is invited for a feast at a witch doctor's home; it is not an ordinary free home one would wish to be associated with).

Esomo: Kero kende nabo ekobetereria twakora ebinto totancheti gokora.

Lesson: We need to understand that there are situations in life one cannot avoid.

11. *Kororekia nkwa ngi ekororekia isombe* (Oyo okororekia kwaye nabo konga okwe engi ekororekia risombe): Trying to verify this is like a housefly trying to verify a dunghill.

Esomo: Tagosaria chingaki n'egento omanyete getaonchoke.

Lesson: Don't waste your time with situations that you won't change.

12. *Kurera abamura bairane, ng'ombe ntoki nse* (Kura erinde abamura bairane, tibagenderera kobwatia chiombe, ekiagera chiombe nabo chigotoka inse*):* Advise the warriors to retreat, cattle can be found in the soil. (If cows are stolen, there is no need of boys going out to recover them or fight with the enemies. They can do farming, which can enable them buy more cows, instead of pursuing the armed rustlers who may kill them).

Esomo: Toamereria korusia egesiomba ase oranyore amaakwa amanene; orabaisa gosiria obogima. Chiombe nonya chiaibirwe nabo okorema naende onibe echinde.

Lesson: Do not revenge/settle scores if the risk is too high.

13. *Kwaora kwa monto monene, nkwoma; kwaora kwa mwana ntoro* (Okwaora kwa omonto omenene, n'okoba n'enchara, okwaora kwa omwana omoke n'okoba ne chitoro): (A yawn by an adult is a sign of hunger; while a yawn by a child signifies sleep).

Esomo: Takoganya omonto/omogeni agotebie buna oigure enchara.

Lesson: Don't wait for someone to tell you that he is hungry. Bring him food.

M

1. *Mabere maiteki inse* (Amabere nabo agoiteka inse):
Milk tends to spill. (Don't cry over spilt milk).

Esomo: Tibwechanda ase ayaikire koba.

Lesson: Don't be sad over what you can do nothing about.

2. *Makora imagoti n'ande acha* (Amakora nigo akogota n'ayande achicha):

Generations pass and new ones come..

Esomo: Kera ekegori nkebwate amang'ana aye.

Lesson: Every generation has its preferences; e.g. dance, fashion, style and regimes.

3. *Mang'ana, mang'ana nyamoguto!* (Amang'ana asokia amag'ana ande nyamoguto):

Trouble begets trouble.

Esomo: Emechando nigo ekorenta obobe bonde.

Lesson: Trouble gives birth to more trouble; we better avoid it.

4. *Mariogi aenga ikori ria'Nyakwana, Keragu mabwatia, matabekania ntang'ang'a* (Amariogi nigo abuchete rikori ria'Nyakwana; Keragu akabuatia, agachigoika amatabekani agasinywa ase agochia):

Keragu heard people talking along Nyakwana's path. He was compelled to follow them. As he followed them, they parted at the junction; Keragu was stranded, undecided which way to go.

Esomo: Kabe n'ekerenga giokomenya.

Lesson: Have a purpose for living.

5. *Mbeba nyinge nchianya gokunya mong'anyi oike* (Chimbeba chinyinge tichiana gokunya omong'anyi oike):

Many rats have never succeeded in digging a burrow.

Esomo: Abanto abange nigo bagotamerana ase egasi.

Lesson: Laziness sets in when many people are sharing a piece of work. (Too many cooks spoil the broth).

6. *Mboka boremu nsabi gesire, mete yagwa ooro magoroba obikuro gucha tindi* (Amboka n'oboremu, osabe egesire oroserie oboraro; ekero Egucha egocha goichora abanto mbarimera banya gokura):

Cross the river, ask for an axe to fell trees to serve as bridge, when river Gucha is rough and flooding, people will use it, and they won't drown and scream.

Esomo: Kabe omoremu ekero kiobokong'u.

Lesson: Be courageous in difficult times.

7. *Mbura ng'engi ng'eti.* (Embura ekoenga mono nigo egoeta):

Too heavy clouds do not rain.

Esomo: Kero kende amang'ana akageire koba amakong'u omoerio nabo akwororoba.

Lesson: A threat may turn out to be harmless. A difficult issue may easily be solved.

8. *Mochobi tana korichanigwa* (Omochobi tari korichanigwa).

A slow but careful walker does not trip.

Esomo: Kora ebinto buya, takwaganana.

Lesson: Be slow but sure.

9. *Mogaso baara, ingoitere ikongo ri'enyang'au* (Omogaso baara, erinde inkonyenyere rikongo ri'enyang'au). Sun, I beg you to shine; in return, I will slaughter for you an old hyena.

(This refers to a persuasive appeal, which one knows is unlikely to be fulfilled. So in return he offers the very worst reward. It is used as a mockery against stubbornness).

Esomo: Eke n'egento omonto amanyete tigegokorekana. Oko nogosekereria.

Lesson: (This is begging for something which you know you can't be given). It is mockery.

10. *Mogeni tachi ikora, imonyene orimanyire* (Omogeni tari komanya ikora, n'omonyene omanyete): A stranger, although wise, does not know the details of a homestead; it is the host who knows it all.

Esomo: Tokomanya oetanie abanyene, gose abaarimu bao, gose abanene bao.

Lesson: You are unlikely to know better than those with experience.

11. *Motema keminyo tang'ani moimoka igo* (Oria okonyora egesamunye/egesinini tareng'aini oria okoirana bosa.): One who earns a piece is better than one who returns empty-handed.

Esomo: Mbuya onyore egeke kobua bosa.

Lesson: Better half a loaf of bread than none.

12. *Monto mobe ngobo ya getondo* (Omonto omobe n'engobo y'egetondo):

A bad person is a shroud for the dead.

Esomo: Omonto omobe togotaka komorigereria. Agotioka.

Lesson: A bad person is never admired by anyone.

13. *Mosangami ikororo (Omosangami ne'rikororo):* An uninvited guest is a cough. (This refers to an uninvited guest who must always cough continuously to attract the attention of his host, trying to let him/her know that he has not been served with food).

Esomo: Takona goeta emechie; nigoogosiria amasikani.

Lesson: Do not visit uninvited; you end up losing respect.

14. *Motomwa ndogoma are* (Oyore ogotomwa nere okonyora orogoma):

A messenger is the one who gets injured.

Esomo: Kora emeremo yao buna eganeirie, otari koiroka.

Lesson: Carry out your duties as is prescribed without fear. Take risks in life.

15. *Muma muma, yariete omoro egatiga egete* (Emuma n'emuma, ekiagera ekaria omoro egatiga egete): A curse is indeed a curse; it ate the matchet and spared the hilt. (A curse can kill the strongest if they are guilty and will spare the weak if they are innocent).

Esomo: Muma tichikobwata omuya; echikobwata omobe/omomochi.

Lesson: A curse befalls a bad/guilty person; not the good one.

16. *Moiseke nyabagambi bange tana gosoka* (Omoiseke obwate abagambi abange tana gosoka):

A girl with many advisors does not get married.

Esomo: Okooamererania okonge tikori koreta richibu. Tema gwancherana .

Lesson: Too much argument cannot solve a problem or bear fruits. Seek consensus.

17. *Moragori obaneire bana mwekoni o'Boranda nyang'ening'eni* (Omoragori omobe nigo akong'ainereria ong'acha ching'ening'eni/ching'enang'eni):

A woman from Boranda deceived a soothsayer that she doesn't bear children; the soothsayer said it is because she had seen fireflies.

Esomo: Abaragori nabo barakong'aine okore ebinto bitabwenereti.

Lesson: The soothsayers can deceive you. Be careful how you use their prophesy/predictions.

18. *Morenda biro, moita ngabi etari ya mosera ibu* (Omonto orendete chinsa, otari konyorwa, nigo agoita engabi ya mambia):

He who keeps time will kill the deer. But a lazy person will not, for he loves to sit at the fire side.

Esomo: Abanto bakorenda chingaki nigo bagokora ebinto bigwenerete ekero kegwenerete.

Lesson: Time keeping helps you to accomplish your objectives.

19. *Mosuko moigoto, mosuko igwamu* (Mosuko n'omoigoto, mosuko ende n'enchara):

Today well fed, tomorrow we go hungry.

Esomo: Tari matuko onsi ebinto bigoikerana.

Lesson: Not everyday things will go according to our expectations.

20. *Moyo muya orusia ng'ombe serere* (Omoyo omuya nigo okorusia eng'ombe are):

A good heart will earn you a cow that is in the shed.

Esomo: Enkwana engiya nigo eragere oegwe kende gionsi.

Lesson: Speaking well will make people do big things for you.

N

1. *Nachi koigama omouru ko amatoima anyara* (Nachire koigama ase omote obwate amato amanene korende amatoima antwereire):

I took shelter under a leafy tree but the leaking water made me wet.

Esomo: Tari bionsi bikororekana ng'a mbiikeranete bire bo.

Lesson: Not all that glitters is gold.

2. *Nare gokwana omogwasi ko, n'omokeira mokoira* (Ekero nachorire omoiseke korwa Bogwasi barabwo n'omoiseke korwa Bokeira bagochora):

I prefer a Gwasi woman; you prefer one from Bokeira.

Esomo: Toigwere baria babwate ogosemia okuya.

Lesson: Let us heed advice from those who have the experience.

3. *Nchera tebwati mogendia* (Enchera tebwati omogendia):

The road has no driver.

Esomo: Ekero okogenda inchera tokomanya aya arakonyore.

Lesson: There are many possible troubles when on a journey.

4. *Nchera teri gotebia monto* (Enchera teri gotebia omonto): A road does not warn anyone of the dangers that lie ahead.

Esomo: Onde taiyo omanyete eki kegochia koba gochia motwe/bosio.

Lesson: No one can foretell the future.

5. *Ndwari ya mobere obande, ngesomo ere. (Endwari ere ase omobere obande n'egesomo ere):* A disease in another person's body is invisible or hidden.

Esomo: Oborwaire bw'omonto tibokogera omonto onde aigwe bororo. Tokomanya binto bionsi igoro y'omonto onde.

Lesson: You can not feel pain because of another person's disease. You cannot know everything about someone.

6: *Ngoma chigoita tari mwega okobaara* (Chingoma chire bobe nigo chikobarwa n'omonto omanyete):

Serious head injuries are not operated by a novice.

Esomo: Omonto ore n'obomanyi nere ogokonya amang'ana amakong'u.

Lesson: Knowledge and experience matter a lot in saving difficult situations.

7. *Ng'ombe ke mabere? Bori Okioi* (Eng'ombe eye n'ebwate amabere? Boria Okioi):

Has the cow some milk? Ask Okioi.

Esomo: Oyogokora egento nere okemanyete.

Lesson: One who does something is the one who knows about it.

8. *Nonya n'engo nere na ng'ina biara* (Nonya n'engo nero nere na ng'ina biara):

Even a leopard has its mother-in-law.

Esomo: Onde taiyo otabwati omonto omobweete.

Lesson: Everyone-- a hero, a celebrity, rich person--has a superior person above him/her.

9. *Norore esese nya kemini* (Nabo okorora esese nyakemini):

You will see a tail-less dog. (This is daring someone who acts, or is about to act, foolishly).

Esomo: Oko n'ogosemia gose okogoswa erinde omonto takora egento ekebe getabwenereti.

Lesson: This is a warning beforehand, directed to someone planning to commit a foolish action.

10. *Nse yonsi mansa* (Ense yonsi n'amariansa ere):

The whole world is toothless.

Esomo: Ense yonsi nkemo. Emechando n'eria eria.

Lesson: It is the same world over. Problems are everywhere.

11. *Ntakana ekebwata bobe egasira; ntakana ekebwata buya egachabumba.* (Entakana ekebwata bobe egasira; entakana ekebwata buya egachabumba): An orphan conducted himself badly and perished; an orphan conducted himself well and prospered.

Esomo: Onde bwensi nabo arachabumbe aise kwebwata buya.

Lesson: Conduct yourself well and success will be yours.

12. *Nyama nke yakora bokima kee (Enyama enke nabo egokora obokima ase ekee):* A small piece of meat finishes a heap of ugali in the straw-plate.

Esomo: Nabo ogokaga omonto n'omoke kwanyora

nigo abwate chinguru chinyinge, gose are omong'aini goetania oria omonene..

Lesson: The size of someone does not matter, but his intelligence. Remember the story of David and Goliath.

13. *Nyang'era ndotung'u na mori yaye ndotung'u/ Nyang'era ndotungi na mori yaye ndotungi* (Eng'ombe ndotung'u, na emori yaye ndotung'u):

This black cow is an exact copy of its calf.

Esomo: Ndire omwana akogwa abaibori baye ase ebikorwa.

Lesson: At times, a child resembles parents in character.

14. *Nyariansa, tonyeria amarwa arore* (Omonto ore n'eriansa tiga atonyerie amarwa erinde abe amaroro.):

You, who has a missing tooth, add yeast to the liquor to ferment it.

Esomo: Oko nogosekereria omonto bwanchete obweanchi.

Lesson: A remark meant to ridicule an arrogant person.

O

1. *Ogisero akang'aina Otondo, Otondo chinsoti chikayeria.*

Ogisero deceived Otondo that he would come and fight on his side when the enemy came. However, when the enemy came Ogisero did not turn up at all. They killed him and birds fed on him.

Esomo: Omosani oo nabo arakong'aine onyore amakweri bosio bwao.

Lesson: Beware of untrustworthy friends.

2. *Okobwatia egesingororo ko nambaba tori, chinswe chitagoseke gokonywa amache?* (Oyokobwatia egesingororo na tobwati chimbaba, gokogwa roche chinswe ing'a chigosekerere):

If you follow a sparrow and you have no wings, you will fall and drown and fish will laugh at you.

Esomo: Togokora ebinto abanto bande bagokora otamanyeti ninki bakobikorera.

Lesson: Do not copy what people do when you don't even know why they do so.

3. *Okweanya mono ngekobo* (Ogwetogia mono n'ase egekobo/egekoba kore): Arrogance is on the lips.

Esomo: Abakwerora moono tibabwati kende.

Lesson: Don't talk too much without action.

4. *Omogaso n'omuya mbuna otaametie* (Omogaso n'omuya korende tibwaametie):

The sun is good, only that it doesn't make plants grow.

Esomo: Kera egento nkebwate obuya n'obobe bwaye.

Lesson: Everything has its advantages and disadvantages.

5. *Omonwa oito toyourwa segi* (Omonwa oito titobaisa koyourwa ekero gi'esegi):

Never allow your mother-tongue be taken away during the battle.

Esomo: Teri buya kwanga omonwa oino.

Lesson: Be proud of your mother-tongue.

6. *Omorigia ekong'a arigie n'ekerubo ekegare aterere (Omonto ogochegia ekong'a boigo tiga arigie ekerubo ekegare ase agoterera):* The hunter of a crane bird should have a vast field to sing in. (A crane bird with chicks is very ferocious; it may gouge the hunter's eyes and he will wail, which is referred to as "singing."

Esomo: (Ekong'a eyere ebwate ebichuchu n'entindi. Nigo eragokonore amaiso erinde oanse koora/korera (gotera). Otarakora kende kararengereria, eariganie.

Lesson: Think before embarking on a risky venture.

7. *Omwana nateebetie ng'ina buna "tongia ekiage bono naigotire"* (Omwana agatebia ng'ina buna "samba ekiage ekiagera bono naigotire"): A child told its mother: "Mom, you may now burn the granary since I have eaten to my satisfaction".

Esomo: Omoigoto noyo bw'engaki enyeng'e. Gokwaigotire, gacha naende ochorie ankio.

Lesson: Temporary satisfaction should not make you throw away the remaining food. Keep it, you will need it tomorrow.

8. *Otachire ekegenga* (Igo atacha ekegenga).

He has stepped on a smouldering splinter of wood.

Esomo: Okonyora obokong'u.

Lesson: Being in trouble.

R

1. *Rang'ita nyang'era mogoroba ena bageni* (Aka esike chimbeere chi'eng'ombe magoroba n'ebwate abageni):

Smear the cow's udder with cow dung so that its calf may not suckle (It is wise to preserve the milk in case visitors arrive unexpectedly).

Esomo: Renda endagera ya bono ase amatuko are bosio.

Lesson: Preserve food for the future.

2. *Rero ndero itimbo riagonkire.* (Rero nario rituko ritimbo riagonkirie):

Today is the day when a beetle has suckled.

Esomo: Oko nogosemia ing'a amang'ana aikire omoerio.

Lesson: This means that the matter has reached its conclusive end. It is a reference to a difficult issue.

3. *Rero yakaga ng'a mambia teri, ko igoro yamanyete ng'a mambia nere, na rero mambia ya igoro, ninki rende rero etamanyera ng'a mambia nere?* (Rero nigo egokaga ng'a mambia teiyo, korende igoro tiyamanyete ng'a mambia nereo, na rero mambia ya igoro, ninki rende rero etamanyera ng'a mambi nereo?):

Today thinks that there is no tomorrow, yet yesterday knew that there was tomorrow, and today is the evidence for that. Why then does today not know that there is tomorrow?

Esomo: Eariganie ase rituko ria'mambia.

Lesson: Plan for tomorrow.

4. *Risia rero nchibagora osege omambia* (Risia rero buya totiga chibagore, erinde nario ora'seege oyore ogocha korisia mambia):

Graze your animals carefully today without allowing them to damage crops; this will encourage the one who is going to take care of them tomorrow.

Esomo: Kora ensemo yao buya. Ikerania ensemo yao.

Lesson: Play your part perfectly well.

5. *Ritinge ndiamochi mogare* ((Ritinge nigo rire eri'omochie omogare):

A concubine prefers a large home (A reference that the divorcee, who is now a concubine, will always be planning to assert herself in the new home; she needs many people some to relate with and others to disturb.)

Esomo: Oko nogotwara egento getari ekiao kerarwe ase ore ngaki ende yonsi.

Lesson: Don't pride in what is not permanently yours.

S

1. *Segi teri maiso (Esegi teri na amaiso):*

A fight has no eyes.

Esomo: (Onye ndiria esegi yabwate amaiso ananga teri gotiga abanto bakwe). Tiga totige chisegi, tokwanerane ase oboitongo.

Lesson: (If a fight had eyes then it could prevent those fighting from dying). Let us not fight, but come together and solve issues amicably.

2. *Semberebere ya nyama ngetinya* (Egento orakore erinde oegwe enyama n' okorasaba egetinya):

Ask for a morsel of fat to get a piece of meat.

Esomo: Ekero ogosaba egesinini nabo araegwe ekenene. Goika omanye ng'aki okwebereria ekero otagete egento.

Lesson: Ask for a little (or the less useful) and you could get more (or what you really want. (In the olden days fat, among other uses, was used to smoothen a walking stick. To avoid embarrassment and show a gesture of kindness, a butcher did not give fat alone, but instead handed it over with a piece of meat).

3. *Semi tiching'ana ng'uru* (Chisemi tichireng'aini chinguru):

Wisdom is superior to physical strength.

Esomo: Obong'aini nigo boragere onyore amange kobua chinguru.

Lesson: Strategy/technique is superior to brute force.

4. *Sinywa koruga otamere nko mbese* (Kogosinywa koruga otamere chinko chimbese):

Unable to cook you blame wet firewood.

Esomo: Tiga twancherana ekero totamanyeti, nario torasemigwe.

Lesson: Let us accept our failures and be ready to learn.

T

1. *Tichiana gosira monibi atasireti* (Chiombe tichirasira onye omonibi kare moyo):

Even if cows are stolen, there is no loss so long as the owner is still living.

Esomo : Nabisira, kore moyo nabo naende okoniba.

Lesson: One should not worry about what one has lost. So long as one is alive, he/she can acquire some more.

2. *Tichiana kogiterwa chitarairwa*/chitaraigorerwa (Obweri tibori kogitwa goika engaki ekero chiombe chikoibwa/chiabirwe):

There is reluctance in constructing a cow-shed until cows are stolen.

Esomo: Egento nigo gekorosigwa ekero giasarekire.

Lesson: Something attracts attention to itself when it is too late.

3. *Tiga borare sira* (Tiga borare esira):

Let the debt sleep.

Esomo: Obo n'obosemia obobe, bogotebia omonto ng'a atige ache koiraneria amabe amatuko are motwe.

Lesson: This is bad advice; it is telling someone to postpone revenge until a later date.

4. *Tiga ribe itimo 'mbaba* (Tiga ribe ritimo ri'okomochia):

Let it be a spear that flies over.

Esomo: Oko nogoutia amakweri.

Lesson: This is a remark made when a friend narrowly escapes death or accident)

5. *Tinkoria bwa'mosacha, mbwa mokungu ndarie* (Tinkoria obokima bw'omosacha, nobw'omokungu

ndarie) (Eye n'embeche yarerete igo): I will never eat what belongs to a man; I will only eat what belongs to a woman. (This was the perceived cry of a warthog when it was seriouly wounded by a farmer).

Esomo: Omoibi nigo araganie omonto omworo otamoite.

Lesson: A thief will prefer a weak victim to steal from.

6. *Togosamba nyimbo ibere ochiyore chionsi* (Nakong'u gosamba chinyimbo ibere chiyie chionsi buya):

You cannot successfully tattoo two walking sticks simultaneously.

Esomo: Kora egento ekemo kebe, otarachaka ekende.

Lesson: To be effective one has to do one thing at a time.

7. *Toira ngoro yang'iti kiara* (Tobeka ekiara kiao as engoro y'eng'iti):

Don't insert your finger into a hole where a snake lives.

Esomo: Tibwetiemera omonto oikaransete ekerogo gose ore n'eniibo.

Lesson: Don't fight with or dare someone who is stronger, or richer, than you.

8. *Torera igumba otata keoreri nkeri riogo tunya bati tibweitia nchaywa boriri* (Tiga konakorera rigumba otanyare gwata; ase ore tabwati riogo; rangeria abanto barariate erinde tocha gweitia okoba oboriri bwao):

Don't keep crying with the sick while you cannot cure them. There is no medicine in your crying. Go out there and get courageous people who will break open the boil, otherwise you will be despised later for being foolish.

Esomo: Konya omorwaire anyore eriogo agwene. Komorerisia bosa terikonyara.

Lesson:. Help the sick to get treatment. Sympathy is not enough.

9. *Tuga 'ntakana ya ng'ombe totuga ntakana ya monto.* (Tuga entakana y'eng'ombe, tobaisa gotuga entakana y'omonto):

It is better to support an orphaned calf than supporting an orphaned child.

Esomo: Mwanyabanto nigo tokweba obuya twakoreirwe. Entakana y'omonto ekero yabiokire nabo naende eragoonchokere.

Lesson: Human beings easily forget the good things guardians do to them.

Y

1. Yare gokia yanga matiebo oyesaririe .(Bware gocha gokia buya bwangire, Matiebo osariririe.) (Ebinto biare gochia koba buya omonto omokorekanu obisaririe[i])):

Matiebo has spoilt the dawning of a new day.

Esomo: Kabe omoremereria. Toayerera gokora ebinto ekero engaki yabo etaraika. .

Lesson: Don't be too impatient as to act before the right time.

2. *Ya bobisa teri maira* (Ey'omobisa tebwati amaira):

One that belongs to an enemy has no pus.

Esomo: Emechando y'omobisa nechi ebe emenene teri kororerwa amabera.

---

i An impatient man tried to bring poverty to an early end by forcing his cow to calf earlier, but in the process he killed the cow, thus occasioning further suffering in the family.

Lesson: An enemy's plight, no matter how big, will not be empathized.

3. *Yabekire ekuri monwa* (Yabekire ekuri ase omonwa):

It has swallowed a thigh.

Esomo: (Ekero ebasueti yamerire embori yaikirie ekuri, tokonyara konyeura). Amang'ana ekero aikire ekerengo totanyare koyaonchora gose koyakonya.

Lesson: (Once a python has swallowed a goat up to the point of a thigh, it is hard to snatch it from him). A point of no-return.

www.ingramcontent.com/pod-product-compliance
Lightning Source LLC
Chambersburg PA
CBHW021735220426
43662CB00008B/860